はじめての富士山登頂

正しく登る

準備&体づくり

徹底サポートBOOK

Mt.Fuji BEGINNER'S BIBLE

一般社団法人
マウントフジトレイルクラブ 監修

メイツ出版

INTRODUCTION

富士登山という冒険を
人生の宝物にするために

普段登山はしないけど、富士山にだけは登ってみたい！

日本で一番高い場所に立ってみたい！


そんな風に思っている人、多いのではないでしょうか。

ただし、思い立ってすぐ、準備もせずに登れるような、甘い山ではありません。

ラッキーが重なり山頂に立てたとしても、「富士山に登った」という記憶が残るだけです。


達成感や感動は、しっかりと準備するほど高まるもの。

富士登山を人生の宝物にするために必要なのは、準備に手間ひまをかけることです。

富士登山に必要な体力をつけ、装備をそろえる。
プランを練り、山小屋の予約を取る。
登山におけるルールやマナーを知っておく。
万が一、悪天候の予報だったとき、
雨風の中を力強く登る自分の姿を想像できなければ、
思い切って翌年に延期してもよいでしょう。

半年から数年かけた冒険の計画。

達成できた感動は、必ず人生の宝物になります。

富士登山という冒険への第一歩、いっしょに踏み出しましょう。

富士登山を成功させるために必要な準備

一・富士山の特徴やルートを知る

一・1日5～6時間、歩き続けられる体力・筋力と持久力をつける

一・登山靴やレインウェアなど必要な装備をそろえる

一・自分の体力に合わせ、登山ルートや日程を計画する

一・途中の山小屋で仮眠を取れるプランにし、山小屋の予約を取る

一・下山までが富士登山。最後まで余裕のあるペース配分でプランを立てる

一・高山病、低体温症を避けるためにできることを知る

一・けがや体調不良、道迷いなどトラブルの回避法&対処法を知る

一・体調不良、悪天候など、無理を押して登るのは厳禁。下山も想定しておく

一・富士登山のマナーやルールを予習しておく

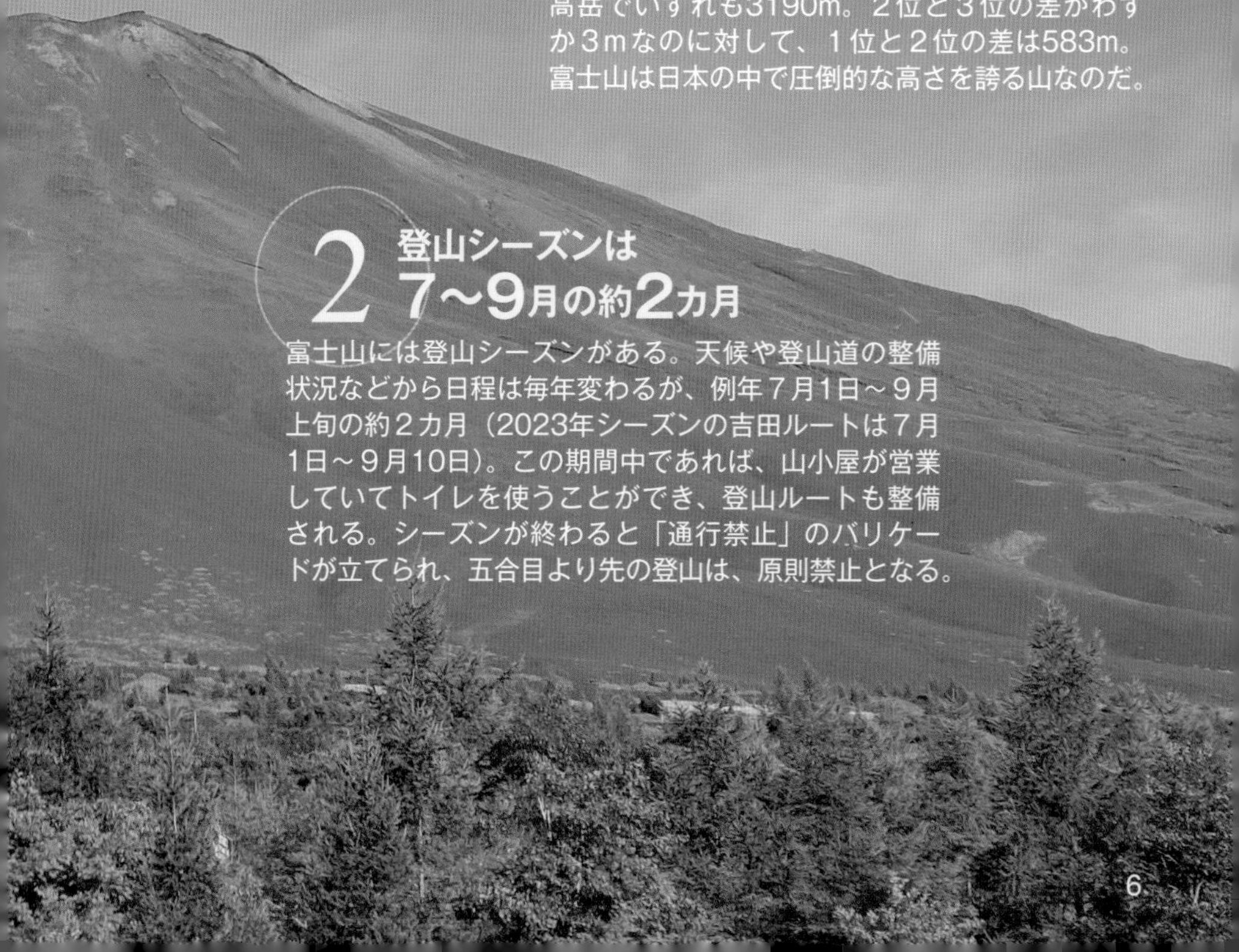

富士山の基本情報

日本一の山！　富士山の基本情報を知っておこう！

富士山は日本一の山ということは知っていても、
標高は何メートルか、一年中いつでも登れるのかなど、
知識があやふやなところもあるのでは？　基本の情報をしっかり確認しよう。

1 標高3776m 日本一の高さを誇る

富士山の最高地点である剣ヶ峰。ここにある二等三角点の高さは3775.63mで、四捨五入した3776mが、富士山の標高として知られている。ちなみに第２位は南アルプスにある3193mの北岳。第３位は南アルプスの間ノ岳と北アルプスの奥穂高岳でいずれも3190m。２位と３位の差がわずか３mなのに対して、１位と２位の差は583m。富士山は日本の中で圧倒的な高さを誇る山なのだ。

2 登山シーズンは 7～9月の約2カ月

富士山には登山シーズンがある。天候や登山道の整備状況などから日程は毎年変わるが、例年７月1日～９月上旬の約２カ月（2023年シーズンの吉田ルートは7月1日～９月10日）。この期間中であれば、山小屋が営業していてトイレを使うことができ、登山ルートも整備される。シーズンが終わると「通行禁止」のバリケードが立てられ、五合目より先の登山は、原則禁止となる。

3 1シーズンの登山者数は約22万人

2023年シーズン（開山日：7月1日から9月10日）、富士山の登山者数は、約22万1000人。内訳を見ると、吉田ルートは約13万7000人、富士宮ルートは約5万人、須走（すばしり）ルートは約1万9000人、御殿場ルートは約1万5000人となっている。30万人超えだった年もあることを考えると登山者は減っているが、コロナ禍を経て、山小屋が宿泊定数を減らしていることが大きな要因。2024年以降、山小屋の収容人数が増えるのかは現時点で未定だ。

4 山頂の気温は夏でも10℃以下

気温は標高と大きく関係しており、一般的に100m高くなるごとに0.6℃下がるといわれている。つまり麓では35℃の猛暑日でも、標高約2300mの五合目では約21℃。山頂付近では約12℃。夜中や明方にはさらに気温が下がり、加えて雨や風が吹けば、真冬並みの気温となる。とはいえ、日によっては五合目でも猛暑日のように暑く、熱中症の危険も。氷点下の真冬日から猛暑日まで、どんな気温にも対応できるよう、万全の備えが必要だ。

5 世界文化遺産に登録され外国人にも大人気

富士山は信仰の対象と芸術の源泉として、2013年に世界文化遺産に登録された。富士山そのものだけでなく、麓にあるいくつもの神社や周囲の湖、松原越しに富士を望む三保松原など、構成資産は25件。観光で富士山の五合目を訪れたり、登頂を目指して登山する訪日外国人も多い。

静岡市三保松原から見た富士山。

6 ルート上にはたくさんの山小屋がある

登山の途中で仮眠や食事を取ることができる施設で、各ルート、五合目以上に点在している。飲み物や軽食などを販売する売店や、トイレが併設されていて、これらは宿泊者以外も利用可能。富士登山に欠かせない中継地点だ。

左上から右へ、山頂の扇屋、鎌岩館、蓬莱館、頂上富士館、太子舘、萬年雪山荘。

富士宮ルートの新七合目にある御来光山荘。

吉田ルートの六合目あたりから見た山小屋。

7 富士山には4つの登山ルートがある

山梨県と静岡県にまたがる富士山。山梨県側から登る「吉田ルート」、静岡県側から登る「富士宮ルート」、「御殿場ルート」、「須走ルート」の４ルートがある。いずれも五合目までは公共交通機関で登ることが可能。五合目から山頂の距離や、コースタイム、ルートの特徴、混雑具合は異なる。詳しくは、33ページから紹介しているが、本書では「吉田ルート」と「富士宮ルート」をおすすめしている。

山頂から東方面を望む。

Yoshida route

吉田ルート

歩行時間 11時間50分

歩行距離 約17.6km

最大標高差 約1471m

最もポピュラーなメインルート

登山者が最も多い、人気のルート。新宿から登山口まで直行バスがあるなどアクセスがよく、山小屋が充実している。救護所もあり、初心者にとって心強い。

Fujinomiya route

富士宮ルート

歩行時間 11時間

歩行距離 約11.1km

最大標高差 約1396m

最短距離で山頂を目指す

富士宮口五合目は標高2380m。４ルートの中で最も高いところにあるため、山頂までの距離が短く、標高差も少ない。駿河湾を背に登れるロケーションも魅力。

Subashiri route

須走ルート

歩行時間 12時間

歩行距離 約16.0km

最大標高差 約1806m

静かな登行と砂走りが魅力

2番目に距離が短い。六合目までは、ダケカンバなどが茂る樹林帯の中を進み、本八合目で吉田ルートと合流する。下山道には砂の斜面を下る「砂走り」がある。

Gotemba route

御殿場ルート

歩行時間 13時間55分

歩行距離 約20.7km

最大標高差 約2336m

豪快な大砂走りを体験しよう

スタート地点の御殿場口新五合目は標高1440m。山頂まで距離も標高差もある、健脚向きのルートだ。砂の斜面を一気に下る下山道の「大砂走り」が名物。

※歩行時間には、お鉢めぐりの時間＝1時間35分を含みます。

C O N T E N T S

INTRODUCTION

富士登山という冒険を人生の宝物にするために …… 2

富士登山を成功させるために必要な準備 …… 4

富士山の基本情報

日本一の山！ 富士山の基本情報を知っておこう！ …… 6

PART 1 富士登山のトラブル回避法

途中で疲れ果て歩けなくなる …… 14

高山病を発症！ 頭痛と吐き気に襲われる …… 15

足が痛くて歩けない！ 寒くて耐えられない！ …… 16

持っていった雨具が役に立たない …… 17

気づかないうちに脱水状態になっている …… 18

直射日光がまともに当たり、熱中症でバテてしまった …… 19

靴ずれでマメができて足が痛い …… 20

足がつってしまい、もうこれ以上歩けない …… 21

登山靴のソールがはがれてしまった …… 22

下りで膝が痛くなり、歩けなくなってしまった …… 23

荒天予報の中強行してしまった …… 24

PART 2 富士登山モデルプラン

モデルプラン❶〈前泊＋山小屋泊まり 2泊3日〉

周辺の観光スポットも楽しむ富士山満喫プラン …… 26

モデルプラン❷〈山小屋泊まり 1泊2日〉

山小屋、もしくはルートの途中でご来光を楽しむ …… 28

モデルプラン❸〈山小屋泊まり 1泊2日〉

高山病のリスクを抑えつつ頂上でご来光を楽しむ …… 29

モデルプラン❹〈山小屋泊まり 2泊3日〉

ゆったり3日かけ頂上でご来光 …… 30

モデルプラン❺〈五合目宿泊 日帰り登山〉

1日で登山完了。健脚登山者なら可能 …… 31

0泊2日の強行日程は事故やけがにつながる！

STOP！ 弾丸登山 …… 32

PART 3 富士登山ルートガイド

最もポピュラーなメインルート

吉田ルート …… 34

吉田ルート 地図 …… 44

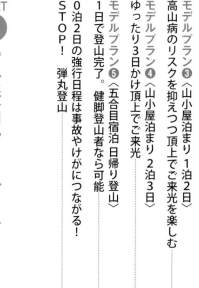

最短距離で山頂を目指す 富士宮ルート …… 46
富士宮ルート 地図 …… 56
静かな登行と砂走りが魅力 須走ルート …… 58
豪快な大砂走りを体験しよう 御殿場ルート …… 59
火口を一周する壮大な縦走路 お鉢めぐり …… 60

PART 4 持ち物を準備する

- 富士登山に必要なもの …… 62
  富士登山持ち物リスト …… 63
- レインウェア …… 64
- 登山靴 …… 66
- ザック …… 68
- 富士登山に必要なウェア …… 70
- ベースレイヤー …… 71
- 行動着 …… 72
- 保温着 …… 73
- パンツ&タイツ …… 74
- トレッキングポール …… 75

そのほかの持ち物のPOINT …… 76
Column 登山装備をレンタルする …… 78

PART 5 快適登山のための事前予習

五合目に着いたら…… …… 80
靴ひもを結ぶ …… 81
準備運動をする …… 82
トレッキングポールを準備する …… 84
ザックを背負う …… 85
歩き方のコツ（登り） …… 86
歩き方のコツ（下り） …… 88
岩場を登るコツ …… 90
疲れないルート取りのコツ …… 91
岩場でのポールの使い方 …… 92
トレッキングポールを扱う注意点 …… 93
上手な休憩の取り方 …… 94
水分と行動食を取るコツ …… 95
トイレに行きたくなったら… …… 96

夜間歩行の注意点 97
山小屋を利用する 98
高山病を予防する 100
下山の注意点と下山後の過ごし方 101
Column 子どもと富士山に登りたい! 102

PART 6 富士登山のためのトレーニング

●富士登山に必要なトレーニング
富士山に登れる体を4~6カ月かけてつくる 104
トレーニング準備
日常生活の中で積極的に体を動かす 106
1日5時間歩ける力をつける
持久力トレーニング 108
富士登山できる足腰を鍛え上げる
筋力トレーニング
スクワット 110
ランジ 111
プランク 111
フラッターキック 112
バックエクステンション 112
マウンテンクライマー 113
ヒップリフト 114
木のポーズ 114
登山のために考案されたエクササイズ
「Exhike(エクスハイク)」にチャレンジ 115
持久力トレーニングにおすすめ
全国のハイキングコース 116
練習登山におすすめの山
筑波山　高尾山　御岳山 118
大菩薩嶺　丹沢 大山　木曽駒ヶ岳 119
宿泊施設&山小屋ガイド 120
富士山のルール&マナー 126
富士山へのアクセス 127

本書について

●本書で紹介している記事・情報・データなどは、2023年12月現在のものです。

●歩行時間は、地図上で算出しているため、多少の誤差が生じる場合があります。休憩時間は含まれていません。

PART 1 富士登山のトラブル回避法

トラブルに襲われ、富士登山の途中で下山する人も多い。だがそのトラブルは、予測可能で、事前準備をしっかりすれば避けられるものがほとんどだ。トラブルの種類や予防法について予習しておこう。

富士登山できる体力がなかった

途中で疲れ果て歩けなくなる

最低でも、1日5時間以上歩ける体力をつけて臨もう

富士山は、就学前の子どもや、高齢者で登頂に成功した人もいる。そう聞けば、日ごろ少々運動不足でも、登れそうだと思ってしまいがちだが、甘くみるのは禁物だ。

最も距離が短い富士宮ルートでも、距離は11・1㎞。1396mの標高差を登り下りする必要があり、コースタイムは約11時間かかる。途中で休憩したり、仮眠を取ったりするので一気に上り下りするわけではないが、「2日かけて11時間も歩くなんて、平地でも無理」という人は、登頂できる可能性が限りなく低いとみたほうがいい。

「行ってみれば何とかなる」と見切り発車で挑むのは絶対にNG。登頂できないばかりか、疲れて足元が不安定になってけがをしたり、落石させて人をけがさせてしまう危険もある。何より、景色を楽しむ余裕もなく、ひたすらつらい富士登山になってしまう可能性が高い。1日5時間以上歩ける体力はつけて臨もう。

回避するには……

6カ月前から計画を立ててトレーニングしよう

104ページ参照

若くて元気な人でもなるときはなる
高山病を発症!
頭痛と吐き気に襲われる

体力をつけ、無理のない行動で発症のリスクを下げる

高山病によって、富士山の登頂を諦める人は多い。高山病とは、酸素濃度が低くなることによって起きる体調不良のことで、頭痛や吐き気、眠気、めまいなどが主な症状。ひどくなると、血液の成分が肺にしみ出す「肺《はい》水腫《すいしゅ》」になることもある。

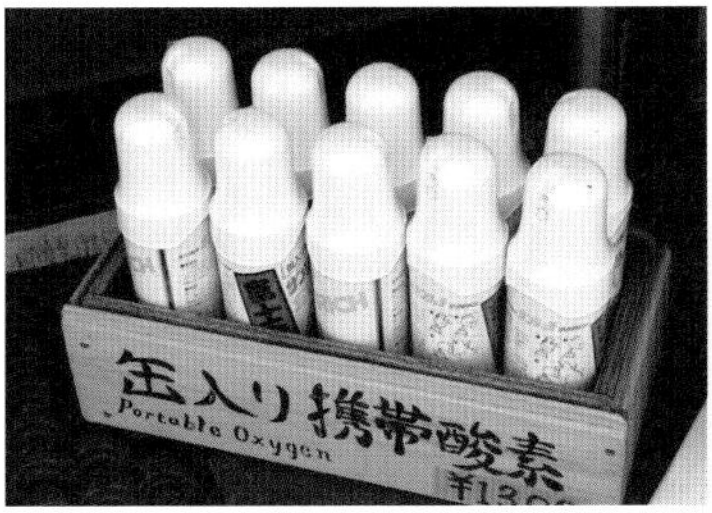

山小屋では酸素缶も売られている。ただし、酸素缶は数分で空になるので、根本的な解消にはならない。気休めやお守り程度に考えたほうがいい。

高山病になりやすいかどうかは、体質や体力によるところもある。体力がなければすぐに疲れてしまい、疲労が大きければそれだけ必要な酸素も多くなるので、体が酸素不足を感じやすくなるからだ。

しっかり体力がある人でも、睡眠不足や高度順応が不十分、水分摂取が足りないなど、さまざまな要因で発症のリスクが高くなる。

事前の体力作り、余裕を持った行動予定、無理のない高度順応、水分をしっかり取るなど、対策の方法はたくさんある。高度を下げれば症状は改善することが多いので、つらいときには下山するという勇気も大切だ。

回避するには……

体力作り、余裕を持った行動計画、歩くペース配分などすべてに配慮!

100ページ参照

スニーカーとTシャツで大丈夫と思ったけど……

足が痛くて歩けない！
寒くて耐えられない！

軽装登山は命を落とすリスクもある！

ピンクのドレスにサンダルという格好で七合目に向かって歩いていた登山者。足元が不安定で捻挫をしたり、小石でけがをして破傷風になる危険もある。

Tシャツやサンダル、ジーンズ、スニーカーなど、街で着るファッションで富士登山に挑み、足が痛くて歩けなくなったり、寒さで身動きが取れなくなったりして救助を呼ぶ人のニュースを見たことがあるだろう。軽装の登山者は、観光ついでに軽い気持ちで登る外国人観光客に目立つが、日本人の若い人にもいるという。

天気がよく体調も常に絶好調のコンディションであれば、軽装でも登頂成功する可能性はある。ただし山の天気は変わりやすい。晴天予報でも午後から急に雷雲が湧いたり、山頂付近は強風が吹き荒れていることもしょっちゅうだ。また、高山病の症状が出て、思ったほどペースを上げられないこともある。そうした天候の変化や予定外の事態の際、身の安全を守ってくれるのが、登山靴やレインウェア、保温着などの装備なのだ。時には命に関わることもある。しっかりそろえよう。

回避するには……

持ち物リストをチェックして必要なものをそろえる

62ページ参照

傘はひっくり返りかっぱは飛ばされ……

持っていった雨具が役に立たない

蒸《む》れる雨具は低体温症に直結する

平地の場合、雨具といえば傘であり、雨が強いときや、両手をあけたいときは、ビニールがっぱやポンチョを使う人が多いだろう。これらの雨具、富士登山ではほぼ使い物にならない。富士山で雨に降られるときは強風も吹き荒れることが多い。傘やポンチョでは、強風にあおられると、壊れたり、まくれ上がったりしてずぶ濡れになってしまう。また、ビニールがっぱは、座ったり岩に引っかかったりするとすぐに破れてしまう。岩場は濡れると滑りやすいので、傘で手がふさがると、転んだときに手をつけないのも危険だ。

ビニールがっぱは、通気性が悪いのもデメリット。内側の汗がかっぱの内側にこもって衣服が濡れると、冷えやすくなるからだ。体温を奪われると低体温症になり、最悪の場合死に至る恐れもある。登山用のレインウェアであれば、強風をともなう雨天時でも、快適に歩ける工夫が凝らされている。

回避するには……

防水性&透湿性が高い上下セパレートのレインウェアを持っていこう

64ページ参照

のどが渇いたから飲む、では遅い!?

気づかないうちに脱水状態になっている

トイレの回数を気にして水分を控えがち

富士登山の最中に頭が痛くなったり、吐き気を覚えると、高山病を疑う。高山病であれば、高度を下げれば症状は回復することが多いが、頂上から下りてくる途中で頭痛がひどくなったり、吐き気を覚えたりする人もいる。その場合、脱水状態になっていることも考えられる。もちろん、脱水は下山だけでなく、登っている最中も起きる。

富士登山で脱水状態になりやすい理由は複数ある。歩き続けて汗をかくうえ、トイレに行く回数を減らしたい、ドリンク類の購入を最低限に抑えたい（富士山では平地の3～5倍の価格）といった心理も働きやすい。

また富士登山の前夜、前泊したホテルで遅くまでアルコールを楽しめば、アルコールによる利尿作用で脱水しやすい状態になる。

脱水を防ぐには、のどが渇いたと感じる前にこまめに水を飲む「先制飲水」がおすすめ。20分ごとに約１００㎖を目安に飲もう。一気に水分を取ると、体に吸収しきれなかった分が尿として排泄されるが、こまめに飲めばしっかり吸収されるので、頻繁にトイレに行きたくなることはない。脱水すると高山病にもなりやすくなるので、意識して水分を取ろう。

回避するには……

のどが渇いたと感じる前に20分ごとに水分を取ろう

95 ページ参照

寒さ対策だけすればいいと思っていたが……

直射日光がまともに当たり、熱中症でバテてしまった

富士山には日差しをさえぎる木がほぼない！

　富士山は高度が高いので熱中症とは無縁、と思いがちだが、好天の日は熱中症への備えも必要だ。日によっては五合目、六合目を歩いていると、汗が吹き出すこともある。須走ルート以外のルートは、樹林帯の日陰がない中を歩き出すため、なおさら直射日光に照らされることになる。疲労感やだるさ、手足のしびれなどを覚えたら、休憩して水分をしっかり取ること。症状がひどければ、救護所などに避難することも検討しよう。何よりも熱中症にならないように予防することが大切だ。

　富士登山の前にやっておきたいのは「暑《しょ》熱《ねつ》順《じゅん》化《か》」。体を暑さに慣れさせることで、汗をかきやすい体質にするのが狙い。熱中症の予防にも役立つ。ジョギングやウォーキングなど汗ばむ運動をしたり、湯船につかって汗をかく習慣をつけることが、暑熱順化になる。登山の際、帽子をかぶって日差しを避け、水分補給をするのも忘れずに。

吉田ルートの六合目へ向かう登山道。日差しをさえぎるものがなく、好天の日は汗が吹き出すことも。

回避するには……

前もって体を暑さに慣らし 当日は帽子をかぶる

70 ページ参照

1歩ごとに激痛が!

靴ずれでマメができて足が痛い

足に合うサイズの登山靴を選び、登山用のソックスを履くことで、靴ずれやマメを防ぐことができる。
【登山靴】キャラバン／C1_02S
【ソックス】パタゴニア／ウール・クルー・ソックス

足が靴に当たったり蒸れるとマメができ皮がよれる

靴のサイズが合っていなかったり、靴ひもの締め方が緩かったりすると、靴が足に当たりマメができ、そこが靴ずれになってしまう。サイズの合う靴をきちんと選ぶことが、靴ずれ予防の基本だ。

そして、ソックスの選び方も重要なポイント。普段履きのような薄いソックスでは、クッション性が低い。また、素材がコットンだと汗が乾きにくく、靴下の中で足が蒸れやすい。これでは皮がふやけて破けやすくなる。クッション性と速乾性が高い、登山用の厚手のソックスを選ぼう。可能であれば、富士登山の前にその靴&ソックスで低山に登っておくのが理想。靴に足をならしておこう。

当日、靴が当たる、靴ずれになりそうと感じたら、早めにその場所にテーピングやばんそうこうを貼って予防しておくのも効果的だ。

回避するには……

足に合う靴&登山用のソックスを準備。痛み出したらテーピングで保護する

66 ページ参照

疲れを感じたころに足がピキーン

足がつってしまい、もうこれ以上歩けない

筋力がないと筋疲労しやすく けがをしたり、つりやすい

登山中に転んだり、足をひねったりして、けがや捻挫をすることもある。出血しているなら砂などを水で洗い流し、ばんそうこうやガーゼ、包帯で止血を。捻挫の場合は患部を動かさず、早急に冷やそう。テープなどで固定しても歩けないようなら、無理をせず下山を。

また、足がつってしまう人も多い。原因としては水分やミネラルの不足、疲労、熱中症、体温低下などが考えられる。症状改善には脚を伸ばして座り、つま先を手前に引こう。ふくらはぎが伸び、筋収縮が解消する。再び歩き出す前に、ふくらはぎをもんでマッサージしよう。

けがや捻挫、足つりも、予防するにはトレーニングで足の筋力をつけることが大事。当日、こまめに水分や塩分を補給し、歩き始める前にストレッチで筋肉をほぐしておくことも有効だ。

痛みで身動きが取れなければ、同行者に足先を倒してもらおう。

回避するには……

富士登山に向けて下半身を強化!
当日は水分&塩分を補給する

104 ページ参照

履いていなくても登山靴は劣化する

登山靴のソールがはがれてしまった

登山靴には寿命があり、ソールがはがれる

登山靴のソールは接着材でつけられており、この接着材が3～5年で劣化。ソールがパカッとはがれてしまう。しまいっぱなしで履いていなくても、劣化は起きているのだ。特に箱や袋に入れていたり、直射日光に当たっていると劣化は早まっている。人からもらったり、中古品やアウトレットで古いモデルの登山靴を購入する場合などは、何年前に作られた靴なのか、確認しておこう。万が一、登山中にはがれても歩けるよう、応急処置の道具を携帯すると安心。100円ショップなどで買える結束バンドがおすすめだ。

接着材の劣化によりソールがパカッとはがれるトラブルはよく起きる。

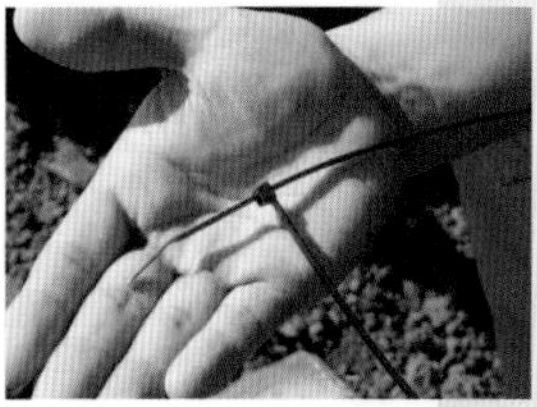

応急処置には結束バンド。短い場合は2本をつないで使おう。

ソールから甲にかけて結束バンドを通し、はがれたソールを固定する。

テープだと地面に触れて消耗し、切れてしまう。結束バンドがベター。

回避するには……

登山前にソールのひび割れを確認。念のため結束バンドを持っていこう

何とか登頂できたものの……

下りで膝が痛くなり、歩けなくなってしまった

前ももが疲労で硬化し膝が引っ張られる

富士登山でハードなのは、登りだけではない。下りも4〜5時間の長丁場。特に負担が大きいのが膝だ。休み休み、ゆっくりしか進めず、予定の時刻になっても五合目まで下りられない人や、下りで救助を要請した人もいる。

下山で膝が痛む原因は、前ももの筋肉を酷使するため。登りでも下りでも前ももの筋肉を使い続けるため、筋肉疲労がたまり、筋肉が硬化。すると前ももの筋肉につながっている膝が引っ張られ、痛みを感じることになる。

予防としては、前ももをトレーニングで強化し、なおかつ長距離を歩いたり、練習登山をして筋肉の持久力を高めること。

また、トレッキングポールを使うのもおすすめ。登りのときに前ももへかかる負担をサポートしたり、下りで膝にかかる衝撃を和らげるのに役立つ。

普段から膝に軽い痛みや違和感がある人は、念のため、サポーターを持っていこう。

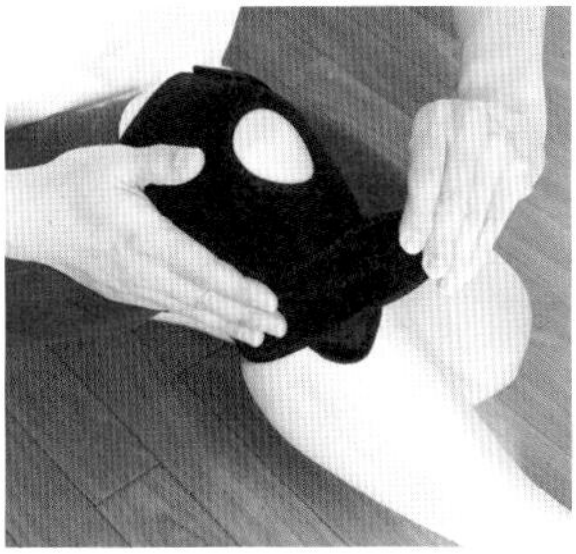

膝が痛みそうだと心配な人は、サポーターを忘れずに。

回避するには……

トレーニングで下半身強化!
不安な人はサポーターを準備

104ページ参照

雨具があれば大丈夫と思い…

荒天予報の中
強行してしまった

麓は晴れていても山頂は大荒れのことも

前もって準備を進めて休暇を取り、山小屋も予約したとなれば、少々の雨でも決行したくなるだろう。だが、台風が近づいているなど荒天が予想されているのであれば、思い切って中止する判断も必要だ。

富士山の山頂付近では、真夏でも、雪が舞うことがある。横殴りの雨が降る中、強風にあおられての登山はとても過酷。疲れ果てて山頂にたどり着けず、低体温症になりかけながら、命からがら下りてくるなんてことにもなりかねない。

好天予報の日でも油断は禁物。夏の好天日の富士山は、午後になると雷雲が発生しやすいからだ。雷の鳴る中、行動するのは非常に危険。雷に遭わないためには、午前中の早い時間から行動し、午後なるべく早い時間に山小屋に到着できるような行動計画を立てたい。麓は晴れても山頂は悪天候のことも。山頂付近の情報も確認しよう。

高度別の気温・風（富士山付近）

日		28日		29日		30日		01日	
時刻		9時	15時	9時	15時	9時	15時	9時	15時
4400m	気温(℃)	3.0	4.5	5.5	4.9	2.2	2.5	1.2	2.1
	風(m/s)	12.4	16.2	16.3	14.8	16.0	17.9	21.4	22.5
3200m	気温(℃)	11.4	12.7	10.1	10.9	9.6	10.6	8.6	8.9
	風(m/s)	11.7	15.9	9.0	8.6	10.6	13.6	18.2	20.5
2000m	気温(℃)	17.2	19.2	13.6	13.5	13.3	14.2	15.0	16.0
	風(m/s)	13.9	16.8	3.2	3.5	4.3	10.7	16.0	17.3
1500m	気温(℃)	19.3	22.2	15.8	15.8	15.8	17.0	17.6	19.7
	風(m/s)	15.6	14.3	3.0	1.4	2.9	9.6	14.6	13.9
1000m	気温(℃)	21.5	24.2	17.9	17.8	18.1	19.3	20.7	22.5
	風(m/s)	15.8	13.8	5.5	3.2	2.1	8.3	12.8	12.0
800m	気温(℃)	22.5	25.0	19.3	18.9	19.5	20.9	22.0	23.6
	風(m/s)	14.4	15.4	6.1	3.9	2.0	7.8	11.4	12.4
500m	気温(℃)	23.5	25.4	21.0	20.3	20.8	22.9	23.0	24.4
	風(m/s)	11.9	15.5	6.1	4.0	1.0	7.5	9.8	12.2
300m	気温(℃)	25.2	27.0	23.0	22.3	22.3	25.0	24.8	25.9
	風(m/s)	9.6	13.3	5.7	3.8	0.8	7.2	8.3	10.9

日本気象協会のtenki.jpでは、付近の天気予報のほか、山頂付近の風や気温の気象予測の数値計算結果を見ることができる。ほかに登山者向け有償スマートフォンアプリ「tenki.jp登山天気」も提供している。

回避するには……

天気予報を確認し、荒天予報なら中止する

PART 2 富士登山モデルプラン

日帰りで挑みたい、山小屋に泊まりたい、午前中だけ行動したい、山頂でご来光を見たいなど、体力や希望を考慮してプランを組もう。無理のないプランニングが、快適な登山のカギとなる。ここでは吉田ルートのモデルプランを紹介する。

おすすめ

モデルプラン❶〈前泊＋山小屋泊まり 2泊3日〉

周辺の観光スポットも楽しむ富士山満喫プラン

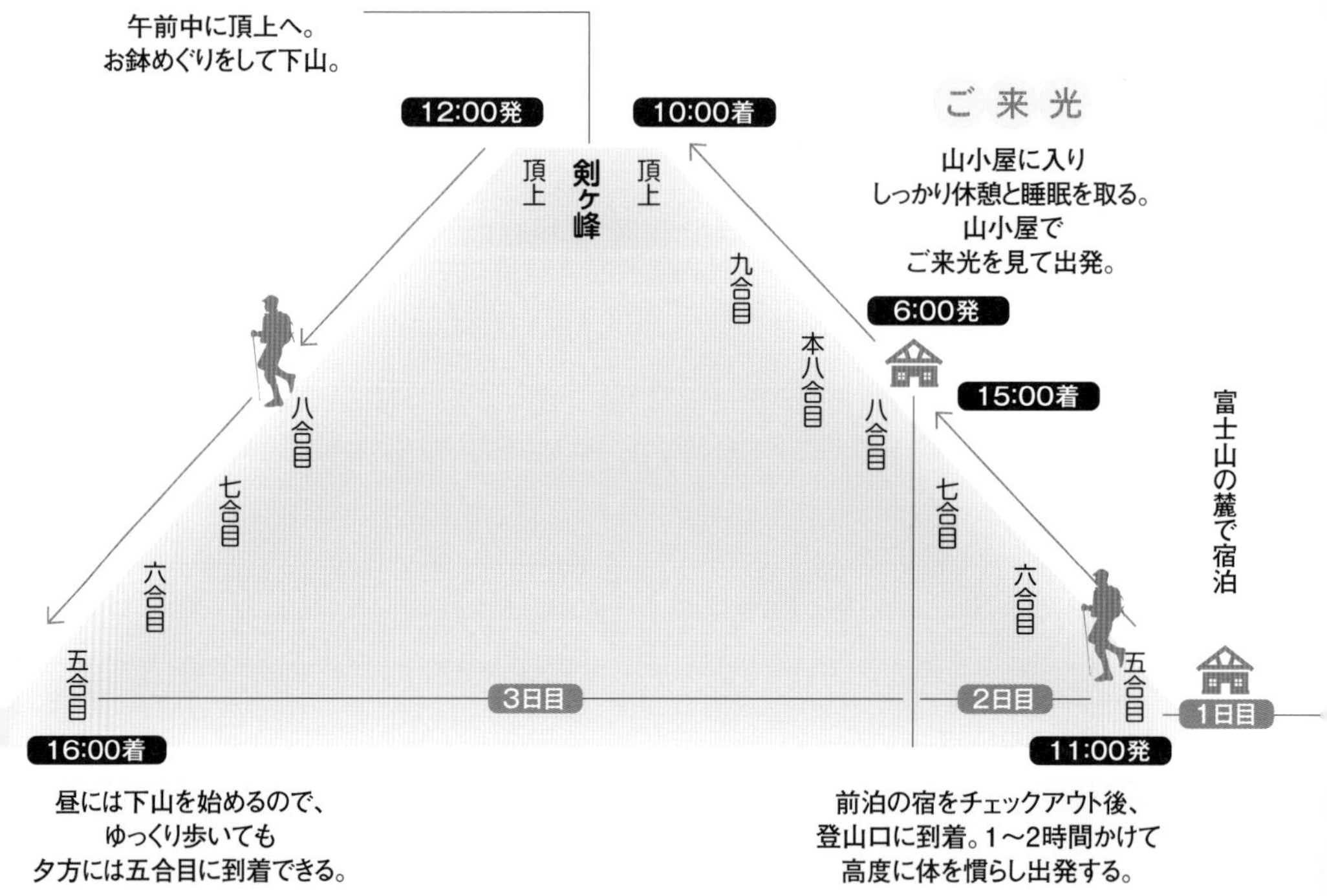

午前中に頂上へ。
お鉢めぐりをして下山。
12:00発
10:00着
頂上
剣ケ峰
頂上
ご来光
山小屋に入り
しっかり休憩と睡眠を取る。
山小屋で
ご来光を見て出発。
九合目
6:00発
本八合目
八合目
15:00着
八合目
七合目
七合目
富士山の麓で宿泊
六合目
六合目
五合目
五合目
3日目
2日目
1日目
16:00着
11:00発
昼には下山を始めるので、
ゆっくり歩いても
夕方には五合目に到着できる。
前泊の宿をチェックアウト後、
登山口に到着。1～2時間かけて
高度に体を慣らし出発する。

2泊とも睡眠時間をしっかりと確保する

富士山周辺の観光を楽しみつつ、余裕を持ったスケジュールで富士登山に臨めるプラン。行動するのは日中だけで、ご来光前後に頂上直下で発生する登山道の渋滞を避けることができる。

登山前日に、富士山の麓に到着。その日は周辺の観光地を散策したり、温泉につかったりして、富士登山の英気を養おう。

宿でたっぷり眠ったら、チェックアウト後、登山口がある五合目に向けて出発。五合目で1～2時間、のんびり高度順応したら歩き始める。宿泊する山小屋は七～八合目を予約しておくの

富士登山前後に立ち寄りたいスポット

吉田ルート

山梨県立富士山世界遺産センター

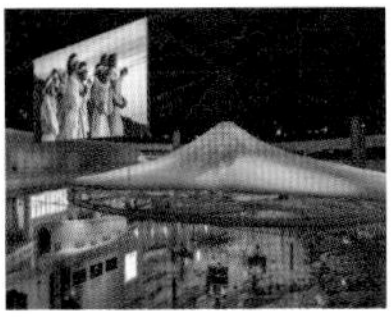

富士山の成り立ちや文化、登山の情報が展示されている。パネルや映像を使った展示で、富士山の素晴らしさを体感的に学ぶことができる。

山梨県南都留郡富士河口湖町船津6663-1
☎0555-72-0259　入場料無料　(営)9:00～17:00（7月～8月 8:30～18:00／12月～2月 9:00～16:30）
㊡南館・第4火曜日　※第4火曜日が祝日の場合は開館し、翌日が休館／北館・年中無休

ふじやま温泉

中央道・河口湖ICからすぐ、富士急ハイランドの隣に位置。全国的にも珍しいすべての泉質がブレンドされている天然温泉で、美肌や疲労回復に◎！

山梨県富士吉田市新西原4-17-1
☎ 0555-22-1126
平日1600円、土日・祝日2000円（GW、夏期シーズン、年末年始は土日祝日料金）(営)10:00～23:00（6:30～9:00の朝風呂営業800円もあり）㊡不定休

富士宮ルート

静岡県富士山世界遺産センター

富士山に関する情報や魅力を発信する施設。タイムラプスの映像を見ながららせんスロープを上り、海からの富士登山を疑似体験できる展示は必見。

静岡県富士宮市宮町5-12　☎ 0544-21-3776
常設展観覧料（一般）300円　(営)9:00～17:00（7月～8月 9:00～18:00）最終入館は閉館の30分前
㊡第3火曜日、施設点検日、年末
※第3火曜日が祝日の場合は開館し、翌日が休館

富嶽温泉 花の湯

ナトリウム、カルシウム塩化物、硫酸塩温泉の天然温泉。リラックス効果の高い高濃度炭酸泉などバラエティに富んでいる。ホテルが併設されており宿泊も可。

静岡県富士宮市ひばりが丘805　☎ 0544-28-1126
平日1650円（80分利用は990円／18:00～2:00は1430円）、土日・祝日2200円（80分利用は1100円／18:00～2:00は1650円）(営)10:00～翌9:00
※2:00～6:00は入浴不可 ㊡年中無休

がおすすめ。休憩を取りながらゆっくり歩いても、夕方前には山小屋に入ることができる。

到着後は山小屋で休み、夕食後に就寝。明け方までたっぷり眠って疲れを取ろう。

ご来光の時刻は4時30分～5時30分ごろ。山小屋でご来光を迎え朝食を取ってから出発してもいいし、ご来光前に山小屋を出て、登山道の途中で朝食を取りながらご来光を楽しんでもいい。6時ごろ山小屋を出発しても昼前には山頂に立てるはずだ。余裕があれば、山頂の火口をぐるりと回るお鉢めぐりにも挑戦したい。昼ごろに下山をスタート。夕方十分日が高いうちに五合目に到着し、帰路につける。

モデルプラン❷〈山小屋泊まり 1泊2日〉

山小屋、もしくはルートの途中でご来光を楽しむ

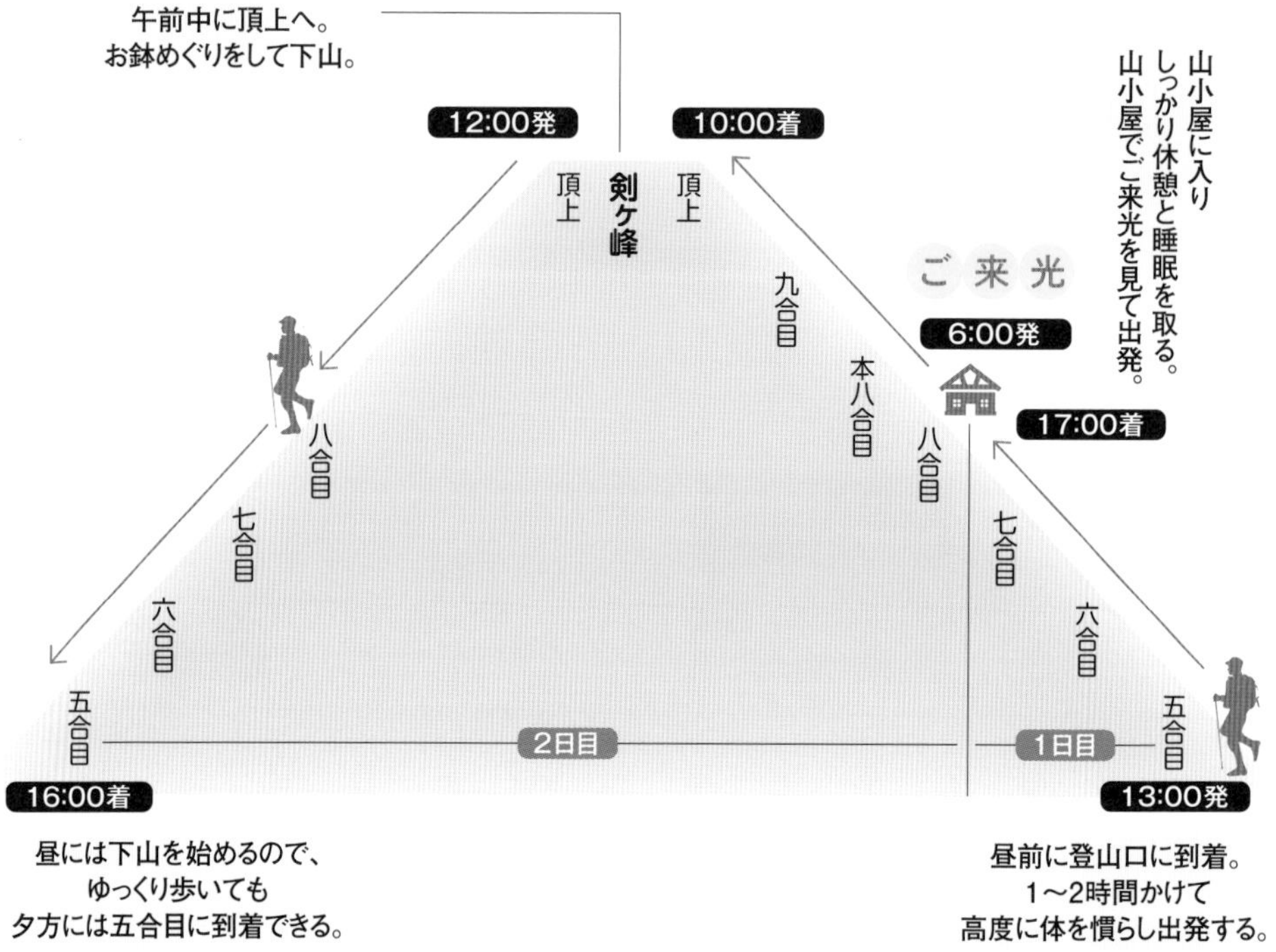
午前中に頂上へ。
お鉢めぐりをして下山。
12:00発
10:00着
頂上
剣ケ峰
頂上
九合目
本八合目
八合目
ご来光
6:00発
山小屋に入り
しっかり休憩と睡眠を取る。
山小屋でご来光を見て出発。
17:00着
八合目
七合目
六合目
五合目
七合目
六合目
五合目
2日目
1日目
16:00着
13:00発
昼には下山を始めるので、
ゆっくり歩いても
夕方には五合目に到着できる。
昼前に登山口に到着。
1〜2時間かけて
高度に体を慣らし出発する。

山小屋でしっかり睡眠。混雑を避けスムーズに登山

前ページで紹介したプラン❶の前泊がないパターン。

初日の昼に五合目を出発し、夕方に山小屋に到着。しっかり睡眠を取り、翌朝ご来光を山小屋で迎えてから行動をスタート。昼頃登頂したらお鉢めぐりをして下山し始め、夕方までに五合目に戻ってくるプランだ。

吉田ルートであれば六合目以上のどこからでも、地平線からのご来光を見ることができる。頂上でのご来光にこだわらなければ、夜中、暗い中行動したり、頂上直下の渋滞に巻き込まれたりする心配を回避できる。

モデルプラン❸〈山小屋泊まり 1泊2日〉

高山病のリスクを抑えつつ頂上でご来光を楽しむ

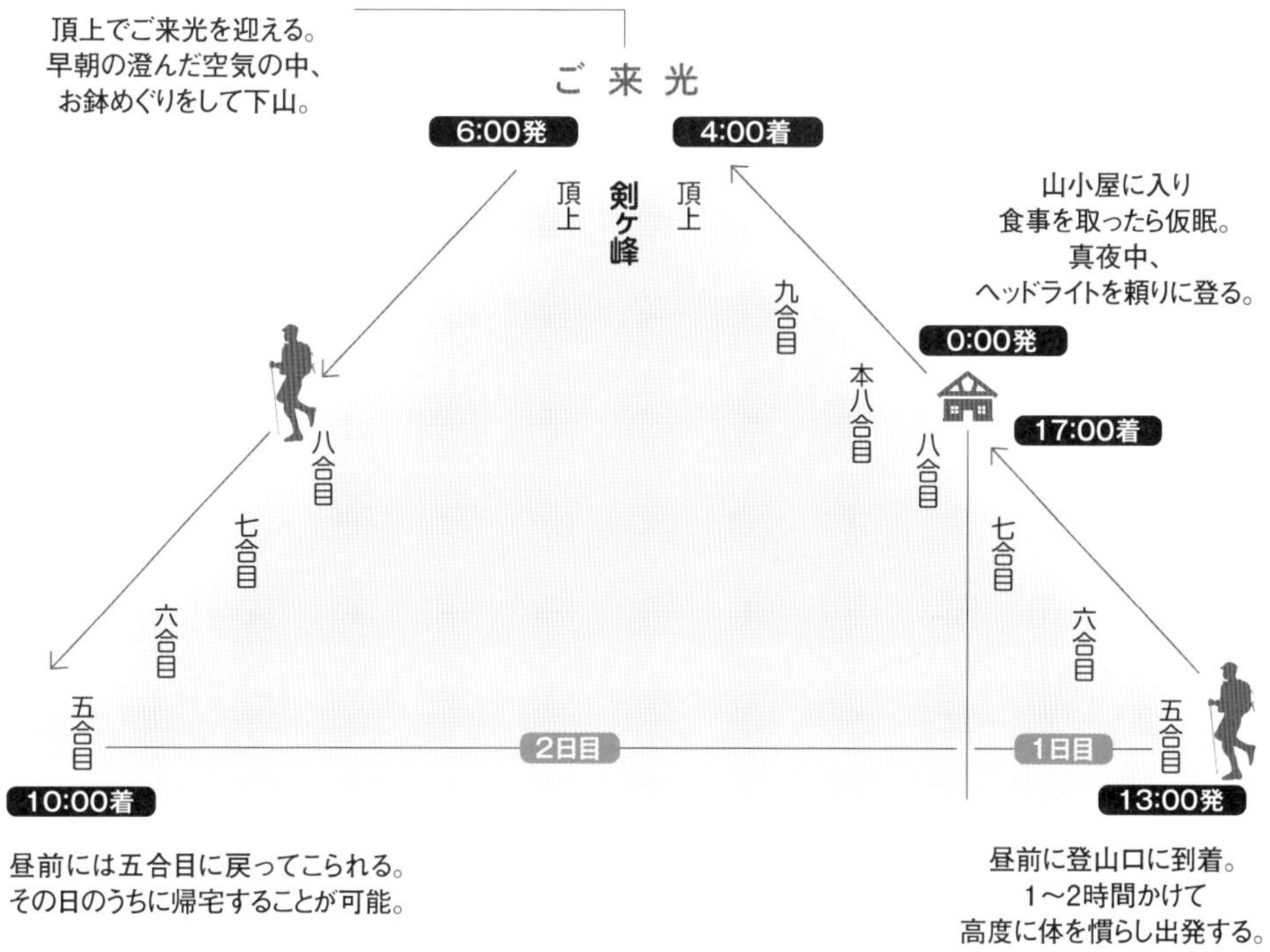
頂上でご来光を迎える。
早朝の澄んだ空気の中、
お鉢めぐりをして下山。
ご来光
6:00発
4:00着
頂上
剣ケ峰
頂上
山小屋に入り
食事を取ったら仮眠。
真夜中、
ヘッドライトを頼りに登る。
0:00発
九合目
本八合目
八合目
17:00着
八合目
七合目
七合目
六合目
六合目
五合目
五合目
2日目
1日目
10:00着
13:00発
昼前には五合目に戻ってこられる。
その日のうちに帰宅することが可能。
昼前に登山口に到着。
1～2時間かけて
高度に体を慣らし出発する。

富士山までの行き帰り含め2日間で登山できる

朝、首都圏を出発して昼前に五合目に到着。夕方までに七～八合目付近の山小屋に入り食事を取って仮眠。未明に山小屋を出発して山頂でご来光を迎え、昼前に五合目に下りその日のうちに帰宅というプラン。頂上でご来光を迎えたい、最短の日程で登りたい、高山病のリスクは抑えたいという希望をかなえられる富士登山の人気プランだ。

デメリットは初日の疲れが抜けない状態で、真夜中に行動しなくてはいけないこと。人気なだけあり、登山道の渋滞やご来光時の混雑は覚悟して臨もう。

モデルプラン❹〈山小屋泊まり 2泊3日〉

ゆったり3日かけ頂上でご来光

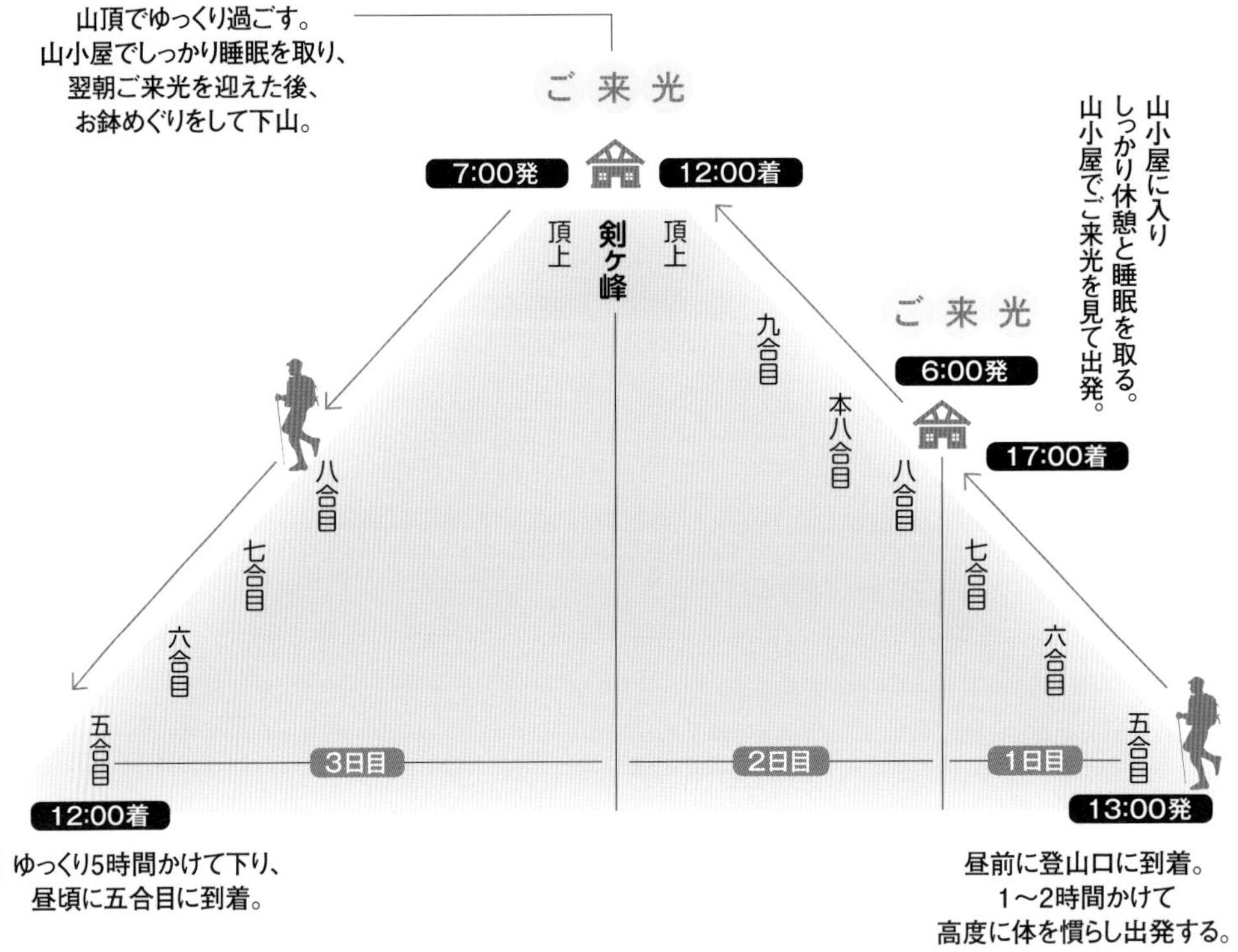
山頂でゆっくり過ごす。
山小屋でしっかり睡眠を取り、
翌朝ご来光を迎えた後、
お鉢めぐりをして下山。
ご来光
7:00発
12:00着
頂上
剣ケ峰
頂上
山小屋に入り
しっかり休憩と睡眠を取る。
山小屋でご来光を見て出発。
ご来光
6:00発
17:00着
九合目
本八合目
八合目
八合目
七合目
七合目
六合目
六合目
五合目
五合目
3日目
2日目
1日目
12:00着
13:00発
ゆっくり5時間かけて下り、
昼頃に五合目に到着。
昼前に登山口に到着。
1〜2時間かけて
高度に体を慣らし出発する。

1日の行動距離を短くし午後と夜はゆったり休む

初日は七合目あたりまで登り、山小屋に宿泊。2日目に頂上まで登ってもう1泊。3日目は頂上でご来光を迎えた後、お鉢めぐりをして下山するゆったりプラン。1日の行動距離が短く、しっかり睡眠を取りながら山頂を目指すことができる。

標高の高い場所に長時間滞在するが、余裕を持ってゆっくり高度を上げていくことで、高度順応しやすい。また、山頂付近は午後になると天気が崩れる日が多いが、七合目以上を行動するのは午前中だけのため、悪天候を避けられる確率も高くなる。

モデルプラン❺〈五合目宿泊 日帰り登山〉

1日で登山完了。健脚登山者なら可能

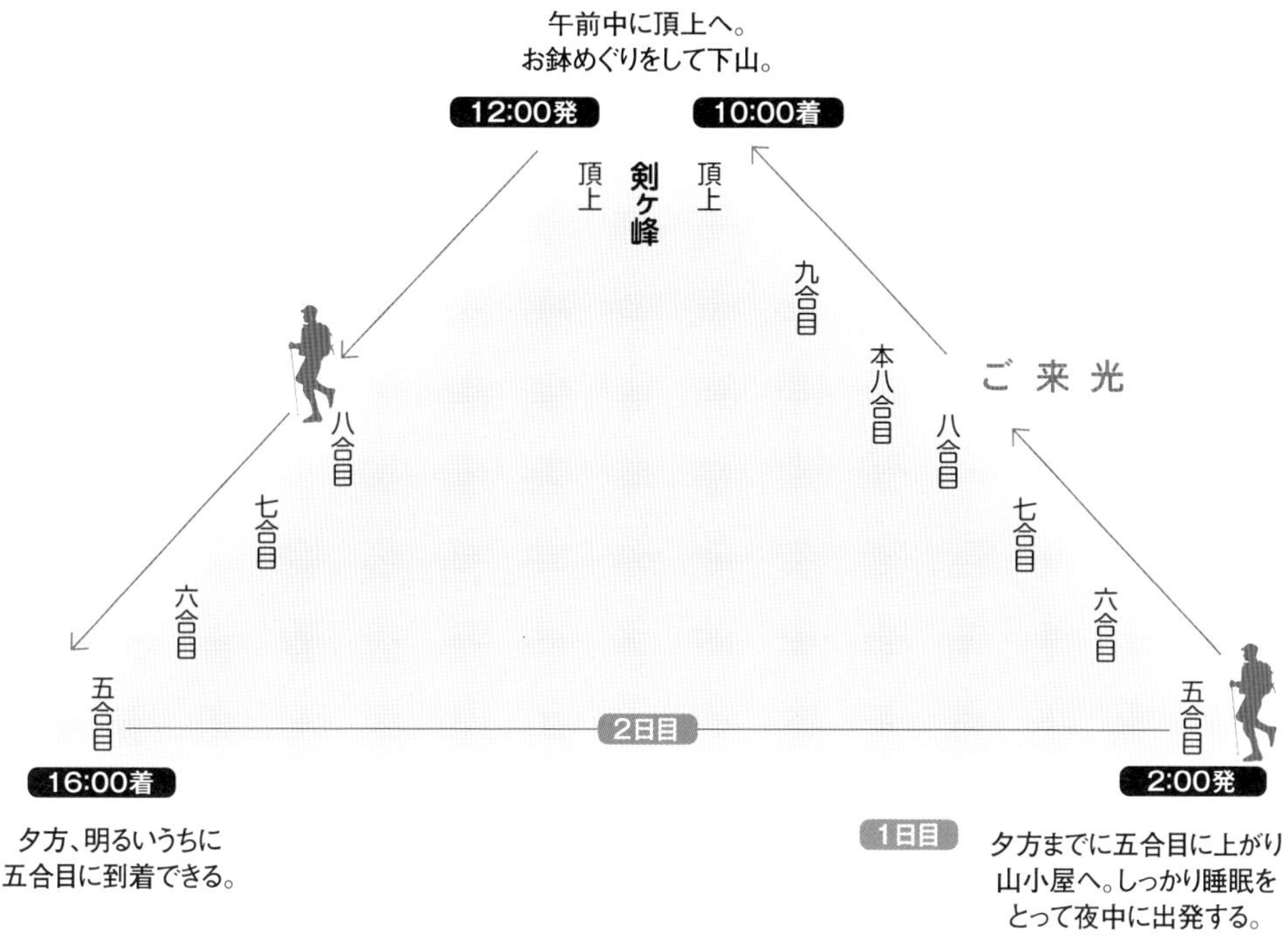

五合目で宿泊し高度順応に時間をかける

夕方、五合目に到着。五合目の山小屋に宿泊してたっぷり睡眠を取った後、夜中にヘッドライトをつけて出発する。七合目あたりでご来光を迎え、午前中に頂上へ。お鉢めぐりをして夕方下山するというプラン。

五合目で時間をかけて高度順応できる、暗い時間に歩くのは五合目～七合目の傾斜が緩やかな登山道だけ、混雑を避けられるなど利点は大きい。ただし1日の行動時間が約14時間と長いので、体力に自信のない人や、登山が不慣れな人にはおすすめできない。

0泊2日の強行日程は事故やけがにつながる!

STOP!　弾丸登山　NG

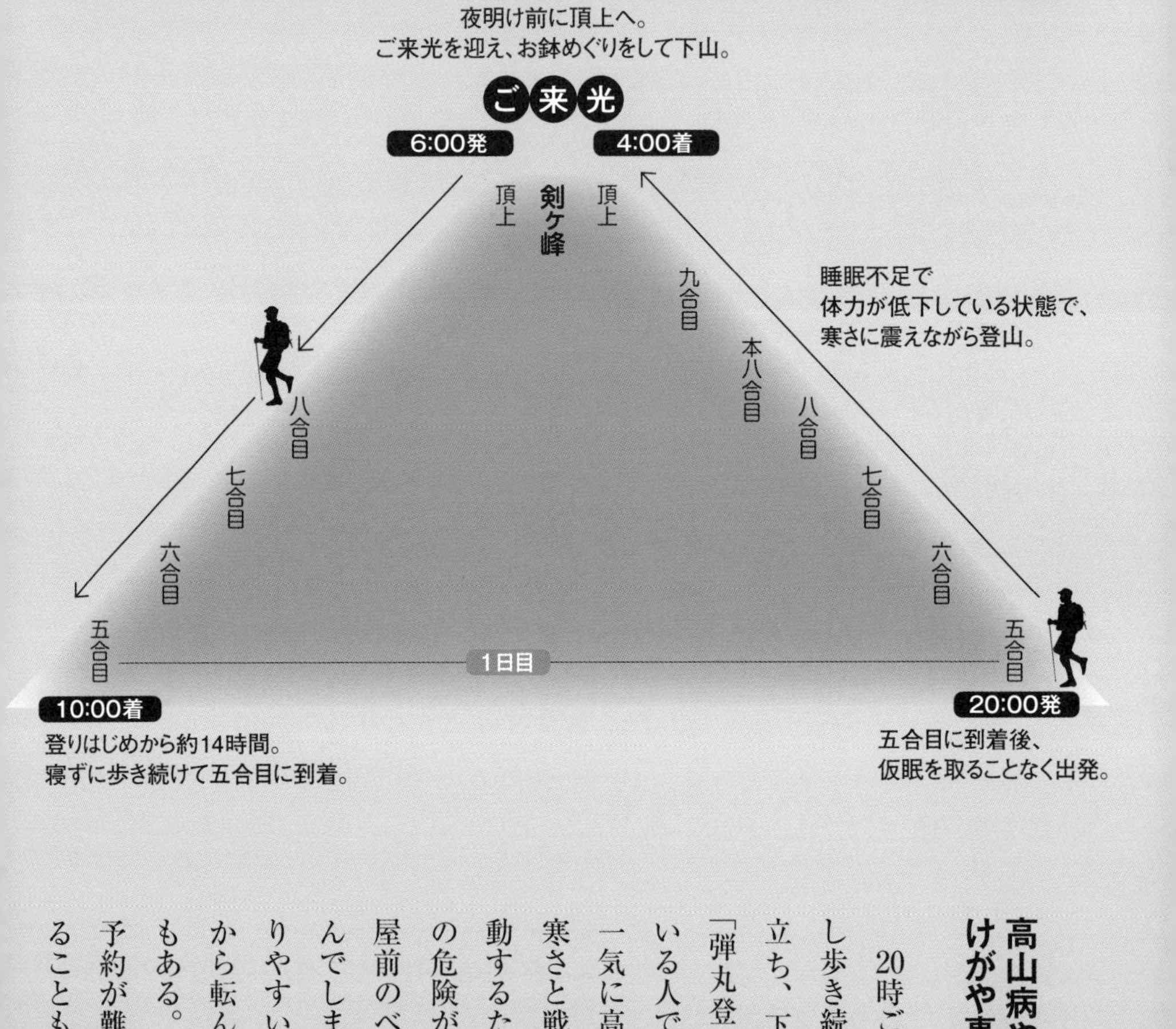
夜明け前に頂上へ。
ご来光を迎え、お鉢めぐりをして下山。
ご来光
6:00発
4:00着
頂上
剣ケ峰
頂上
九合目
本八合目
八合目
七合目
六合目
五合目
睡眠不足で
体力が低下している状態で、
寒さに震えながら登山。
八合目
七合目
六合目
五合目
1日目
10:00着
登りはじめから約14時間。
寝ずに歩き続けて五合目に到着。
20:00発
五合目に到着後、
仮眠を取ることなく出発。

高山病や体調不良、けがや事故を起こしやすい!

20時ごろ五合目を出発。夜通し歩き続けてご来光前に頂上に立ち、下山してくる。これが「弾丸登山」で、登山に慣れている人でも危険な登山形態だ。一気に高度を稼ぐうえ、眠気や寒さと戦いながら約14時間も行動するため、体調不良や高山病の危険が高まる。疲労から山小屋前のベンチやトイレで眠り込んでしまう問題行動にもつながりやすい。何より、注意力低下から転んだり落石を起こす危険もある。山小屋を予約するか、予約が難しければ翌年に延期することも視野に入れよう。

PART 3 富士登山ルートガイド

最もにぎわう道、最短距離の道、静かな山歩きの道、砂をまき散らせて駆け下りる道、海岸線のパノラマを堪能する道など……。4本のルートにはそれぞれの楽しみ方があり、秀峰を極める醍醐味を体感できる。今回は、おすすめの吉田ルートと富士宮ルートを詳細に解説する。

Y

oshida route

最もポピュラーなメインルート

吉田ルート

古くから「本道」とされた一番人気のルート。
七合目からはどこからでもご来光が拝める。
山小屋が多く安心だが、岩場の登行も多い。

歩行時間
11時間50分

歩行距離
約17.6km

最大標高差
約1471m

▲富士山五合目駐車場付近から山頂を望む。

▲「富士スバルライン」(有料)を利用して、富士山の登山口・五合目へ向かう。

▲富士スバルライン一合目あたりから見た朝焼けの富士山。

吉田ルート断面図

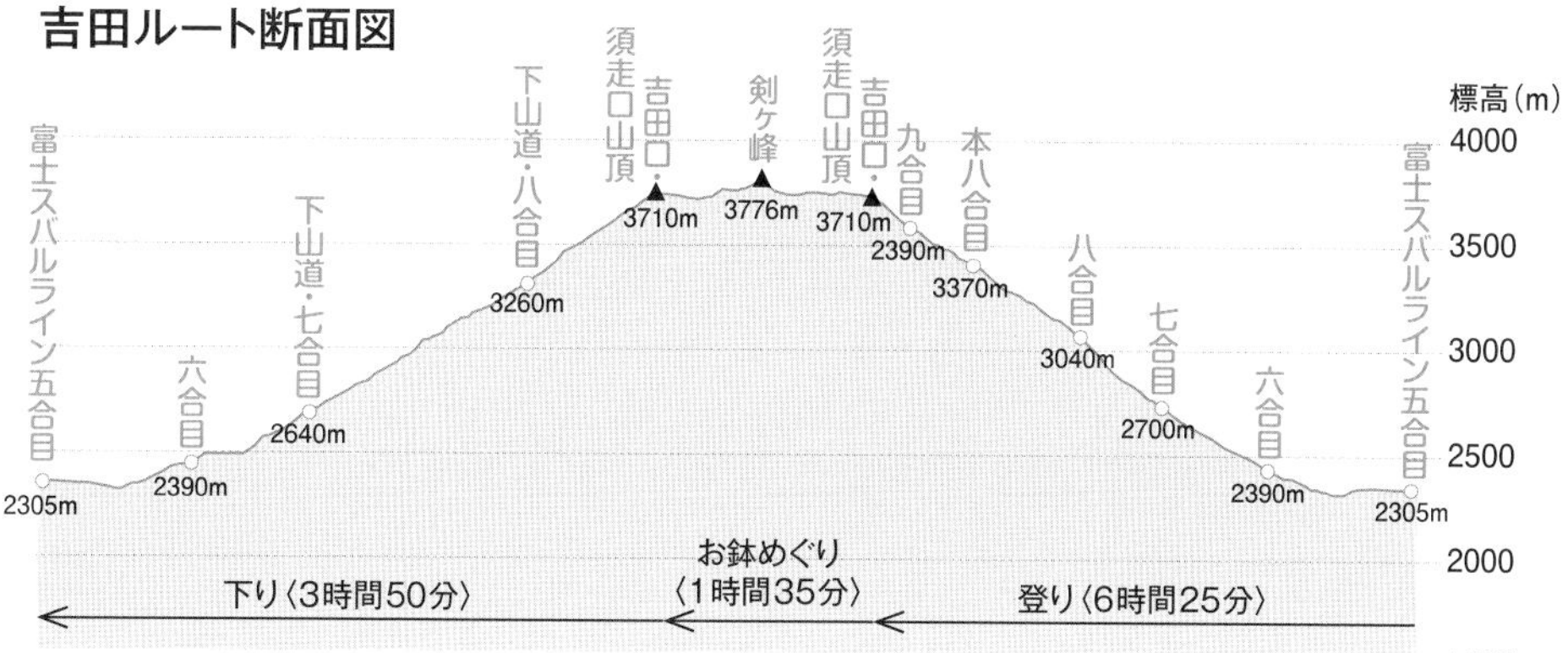

登山口の標高は富士宮ルートに次いで高いが、吉田口頂上から剣ヶ峰への距離が4本中最も長いので、余力を残して山上に立ちたい。お鉢めぐりは右回りのほうがわずかに距離が短い。

Access

電車・バス

富士急行線「河口湖」駅、「富士山」駅、から登山バスを利用。富士山五合目まで、約1時間。または、バスタ新宿(新宿高速バスターミナル)を利用。

クルマ

中央自動車道・河口湖IC、東富士五湖道路富士吉田IC、または国道139号から「富士スバルライン」(有料)を利用して富士山五合目へ。マイカー規制期間中は、富士吉田IC付近の富士山パーキングを利用。富士スバルライン五合目までシャトルバスを利用(有料。混雑状況に応じて臨時バス運行)。

問い合わせ

富士スバルライン
マイカー規制
山梨県道路公社
富士山有料道路管理事務所
☎0555-72-5244
登山バス・シャトルバス
富士急山梨バス・本社営業所
☎0555-72-6877
富士山パーキング
☎0555-72-9900

※アクセスの詳細は、127ページ「富士山へのアクセス」を参照。

▲富士スバルライン五合目には、宿泊施設、レストラン、みやげ店、総合管理センターなどがある。

五合目

登山前から大休止 まずは気圧に順応させよう

吉田ルート六合目への玄関口、富士スバルライン五合目に着いたら、にぎやかな登山口を散策しながら、標高2305mの高度に体を順応させていこう。

高山病対策には最低30分、できれば1時間ほど滞在するようにしたい。富士登山の守護神とされる小御嶽《こみたけ》神社で、登山の無事を祈願していこう。

売店や食堂の多くはオープンが午前7時以降なので、それ以前に着く場合は行動食などの用意も忘れずにしたい。

▲五合目レストハウスの中に富士山五合目簡易郵便局がある。

▲朱色の鳥居が目印。この奥に小御嶽神社がある。磐長姫命（いわながひめのみこと／木花咲耶姫の姉）を祀る。

世界中から注目を集める一大観光スポット

富士登山は、世界遺産に登録される前から海外の人たちに人気が高かった。登録後さらに世界中からその頂を目指す人たちで大変なにぎわいをみせている。

特に富士スバルライン五合目には、地元山梨県の食材を使ったグルメやスイーツなどを扱う店が軒を連ね、登山をしない一般観光客にも好評だ。

富士山の四季の写真が展示されているレストランやカフェなどもあり、ゆっくりと高度順応をすることができる。宿泊施設もあり、下山後にはコインシャワーで下山道の砂ぼこりと登山の汗を流せる。

▲途中まで馬に乗って行くこともできる。六合目までは、1万5000円〜。

▲人気の富士山パンケーキ（みはらしキッチン）1000円。

▲富士登山のお供として準備したい「金剛杖」。ストックのない人は購入を。

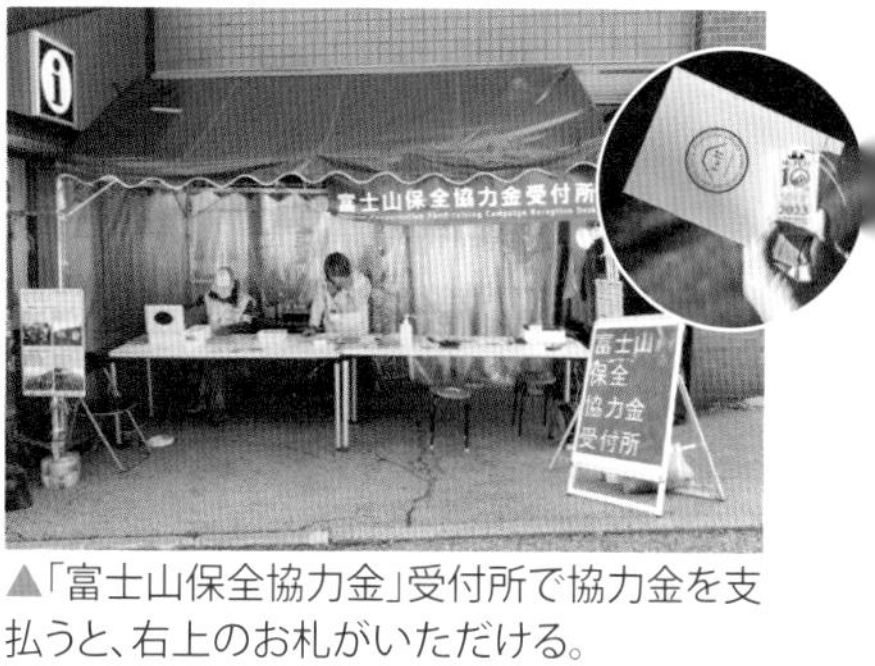

▲「富士山保全協力金」受付所で協力金を支払うと、右上のお札がいただける。

▼富士スバルライン五合目の標識。ここから登山がスタート!

▲樹林帯を抜け、山上と山麓を眺めながら進む。

五合目～六合目

森林限界を抜け緩やかな道で足慣らし

ゆっくり体を高度に順応させたら小御嶽神社で登山の安全を祈願して出発。登山口にある安全確保や自然保護を推進する「五合目総合管理センター」で富士山保全協力金（任意）を支払い、平坦な道から歩き始める。道沿いには、富士山にない植物（国内）を防止する、外来植物防止のブラシも設置されている。

六合目までの標高差はわずか85m。足慣らしにうってつけの遊歩道のような道が続き、泉ヶ滝で佐藤小屋への道を分けて右へ。山上を仰ぎつつ進み、シェルターを抜けると六合目だ。

▲泉ヶ滝は、吉田口五合目と富士山頂方向の分岐点。標高2275m。

▲泉ヶ滝の分岐から右の登山道を行く。左は吉田口登山道の五合目方面。

▲富士山警備派出所と富士山安全指導センターがある。

▲六合目にある雲海荘別館穴小屋（休業中）。ここで小休止。

六合目〜七合目

吉田口に合流し 火山礫《かざんれき》の九十九《つづら》折《お》りを登る

「富士山警備派出所」を併設する「富士山安全指導センター」では、ヘルメットを無料（預かり金2000円）で借りられる。天気予報も掲示され、視界が効けば眼下に山中湖も眺められる。

ここから先は日陰がほとんどないので日除け対策と水分補給をしっかりとして、本格的な登山に備えていこう。

すぐに下山道を見送って火山礫の登りが始まる。頭上には七合目周辺の山小屋が連なって見える。落石防護堤に沿って進み砂礫《されき》※から火山岩の登りに変わると七合目・花小屋《はなごや》に着く。

▼岩場の道も現れる。濡れている場合は滑ることもあるので、気をつけて進もう。

▲下山専用道を見送ると、富士山特有の落石防護堤沿いの道にさしかかる。

▲六合目からは、防護提の道を九十九折に登っていく。

▲ジグザグの砂礫の道を行くと、七合目の花小屋に到着。標高も2700m。

▲七合目の花小屋からは急な石段を登っていく。一歩ずつゆっくり進もう。

※砂と小石のこと。

▶七合目に咲いていたヤマトリカブト。毒性があるので触らないように。

▲鳥居荘から岩場を急登していく。バランスを保って慎重に進もう。

▲赤い鳥居で親しまれてきた七合目の鳥居荘。

七合目～八合目

火山岩の急坂をひたすら登り 八合目直下で3000mに到達

花小屋から八合目までの標高差400mの間に7軒の山小屋が連なる。靴下や下着まで扱う売店は、昭和の雑貨屋を覗いているようで楽しい。夏でも指先が冷えるので軍手などは早めに調達していこう。

狭い岩場を急登するとすぐに日の出館。さらにひと登りで安産守護神が祀られた鎌岩館《かまいわかん》だ。「七合目救護所」も併設。

富士一館《ふじいちかん》から道幅が広くなり、足場を選びながら進み、赤い鳥居が立つ七合目・鳥居荘《とりいそう》からひたすら急登して救護所もある八合目・太子館《たいしかん》へ。

▲宿泊用のシュラフを干している東洋館のテラス。

▲ようやく標高3000mを越え、八合目・太子館で休憩。

▲八合五勺・御来光館直下から下山道越しに相模湾を遠望する。

八合目～九合目

古くからの信仰を感じつつ一歩ずつ高度を稼いでいく

岩道をわずかに登ると蓬莱館《ほうらいかん》手前から整備された道に変わり、再び九十九《つづら》折《お》りの道を進む。元《がん》祖室《そむろ》には行者を祀った「天拝宮《てんぱいぐう》」が立ち、山岳信仰の聖地が守り継がれている。

富士山ホテルで標高は３４００ｍに達し、この辺から高山病の症状も出始めることもあるので、休憩と水分補給を十分にしていこう。本八合目で須走ルートと合流し、八合《はちごう》五勺《ごしゃく》・御来光《ごらいこう》館《かん》で爽快な展望を楽しめば、九合目へはあとひと登りだ。

▲最後の山小屋、御来光館から九合目へ。

▲吉田ルートの山頂が頭上真近に迫る。

九合目～山頂

「胸突八丁《むなつきはっちょう》」の急坂を越え 吉田口頂上から剣ヶ峰《けんがみね》へ

吉田ルート最後の山小屋となる御来光館から山頂への標高差は約300m。頂上も迫って見えるが、ここからがきつい。さらにゆっくりと歩を進めていき、最後の石段を登りつめれば久須《くす》志神社《しじんじゃ》が鎮座する頂上に到達だ。

お鉢めぐりに行く人は、時計回りに進み、下山ルート入口から右手へ進んで火口越しに剣ヶ峰を眺めていこう。

下山ルート入口から左側を登り、駿河湾を眺めて進むと「銀《ぎん》名水《めいすい》」のお社が立つ御殿場口頂上となり、さらに進むと頂上浅《せん》間大社《げんたいしゃ》奥宮《おくみや》が鎮座する富士宮口頂上だ。

平坦な道を進むと、馬の背、いよいよ最後の登りになる。砂《さ》礫《れき》の急坂は歩きにくく、息も荒れてくるが、日本最高所の剣ヶ峰に立てば、ここならではの達成感を味わうことができる。

▲九合目（標高3600m）に祀られている久須志神社。

▲頂上へ標高差100mあまりに迫った最後の登り。

◀急な石段を登り切れば吉田ルートの山頂に達する。

▲日本最高所3776mの富士山剣ヶ峰に到達。

下山

下江戸屋《したえどや》で須走《すはしり》ルートと分かれ 砂だらけの道をひたすら下る

下山口は、吉田ルート頂上の久須志神社から売店を通り抜けた地点にある。標識に従って、鳥居から富士スバルライン五合目、須走口五合目方面へ下り、八合目・江戸屋で吉田口方面へ進む。間違わないように注意しよう。トイレは本八合目の山小屋、八合目の江戸屋が利用でき、七合目にも公衆トイレがある。

下山道は長く、途中滑りやすい箇所もあるので要注意。砂ぼこりがたつので、マスクや長めのスパッツがあるといいだろう。六合目から往路を戻るが、途中緩やかな登りもある。

▲頂上に鎮座する富士山頂上浅間大社奥宮。

▲奥宮に参拝し、お札やお守りを授かる。

▶山頂に並ぶ売店前のテラスで爽快な展望を満喫する。

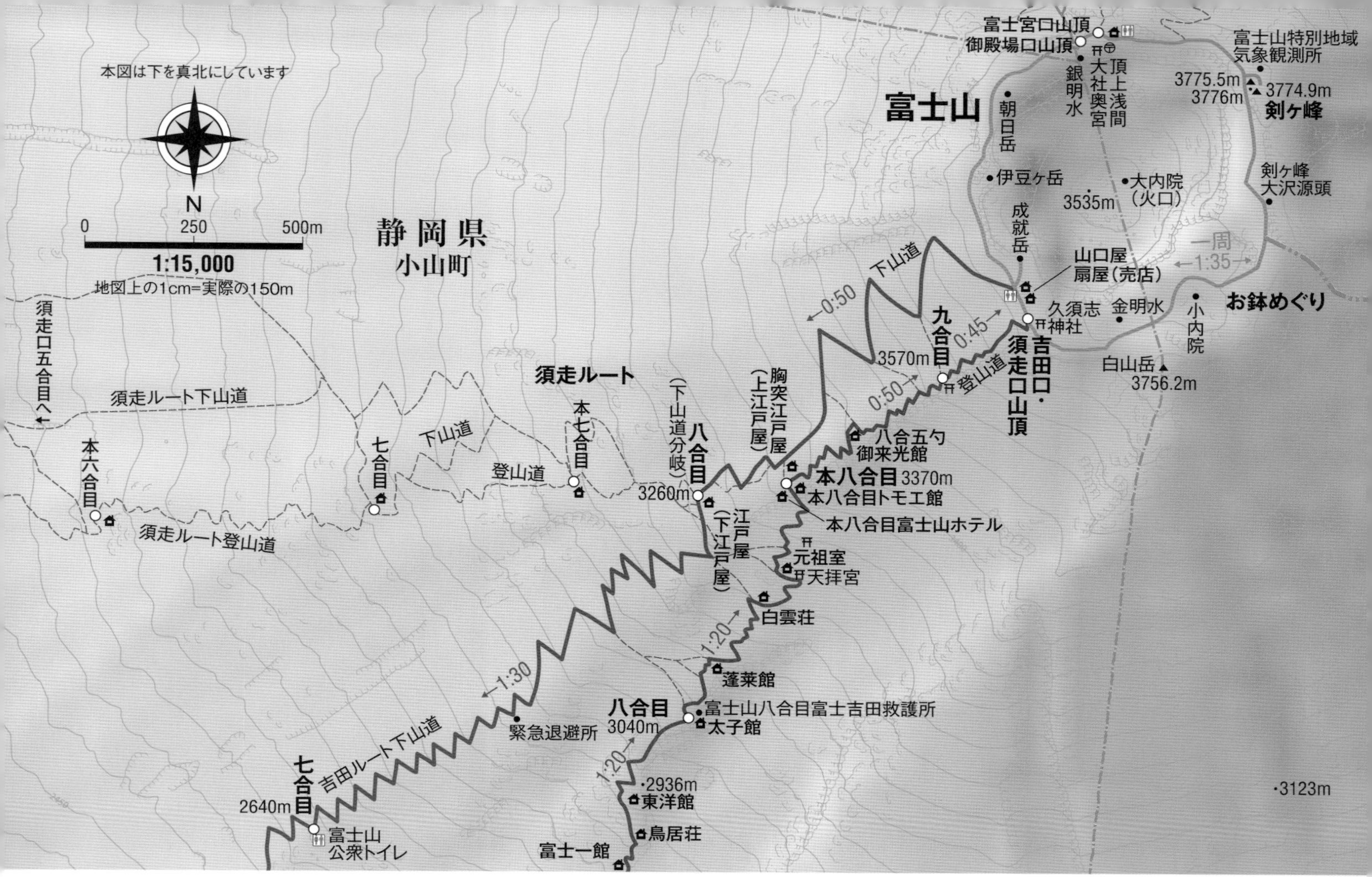

本図は下を真北にしています
N
0
250
500m
1:15,000
地図上の1cm=実際の150m
静岡県
小山町
富士山
富士宮口山頂
御殿場口山頂
頂上浅間大社奥宮
銀明水
富士山特別地域気象観測所
3775.5m
3776m
3774.9m
剣ヶ峰
朝日岳
伊豆ヶ岳
大内院（火口）
3535m
剣ヶ峰大沢源頭
成就岳
一周
1:35
山口屋
扇屋（売店）
お鉢めぐり
久須志神社
金明水
小内院
白山岳
3756.2m
吉田口・須走口山頂
下山道
0:50
九合目
0:45
3570m
0:50
登山道
須走ルート
胸突江戸屋（上江戸屋）
八合目（下山道分岐）
3260m
八合五勺
御来光館
本八合目 3370m
本八合目トモエ館
本八合目富士山ホテル
江戸屋（下江戸屋）
元祖室
天拝宮
白雲荘
1:20
蓬莱館
1:30
八合目
3040m
富士山八合目富士吉田救護所
太子館
緊急退避所
吉田ルート下山道
七合目
2640m
富士山公衆トイレ
1:20
2936m
東洋館
鳥居荘
富士一館
3123m
須走口五合目へ
須走ルート下山道
本六合目
七合目
下山道
登山道
本七合目
須走ルート登山道

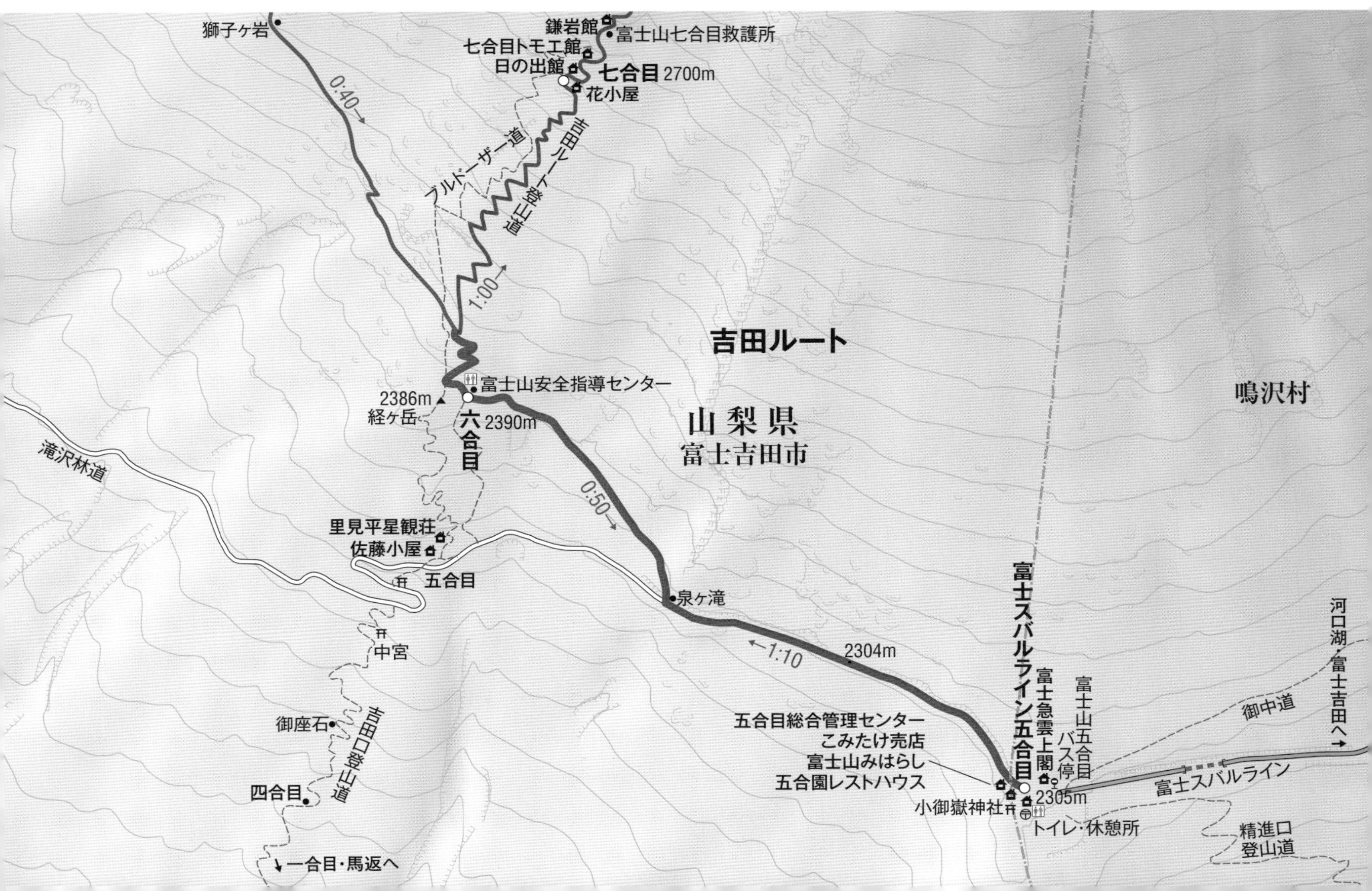
獅子ヶ岩
鎌岩館
富士山七合目救護所
七合目トモエ館
日の出館
七合目 2700m
花小屋
0:40
ブルドーザー道
吉田ルート登山道
1:00
吉田ルート
鳴沢村
富士山安全指導センター
2386m
経ヶ岳
六合目 2390m
山梨県
富士吉田市
滝沢林道
0:50
里見平星観荘
佐藤小屋
五合目
泉ヶ滝
中宮
1:10
2304m
富士スバルライン五合目
富士急雲上閣
富士山五合目バス停
河口湖・富士吉田へ
御中道
吉田口登山道
御座石
五合目総合管理センター
こみたけ売店
富士山みはらし
五合園レストハウス
富士スバルライン
四合目
小御嶽神社
2305m
トイレ・休憩所
精進口登山道
一合目・馬返へ

F ujinomiya route

最短距離で山頂を目指す

富士宮ルート

富士山本宮浅間大社を起点とする登山道。最も標高が高い五合目からのルートは吉田ルートに次いで人気があり、駿河湾の眺めも爽快。

歩行時間 11時間

歩行距離 約11.1km

最大標高差 約1396m

元祖七合目・山口山荘。海岸線を見下ろす景観が開ける。

▲登山口から目指す山頂が一望できる。

▲六合目の雲海荘（2493m）の焼印。

富士宮ルート断面図

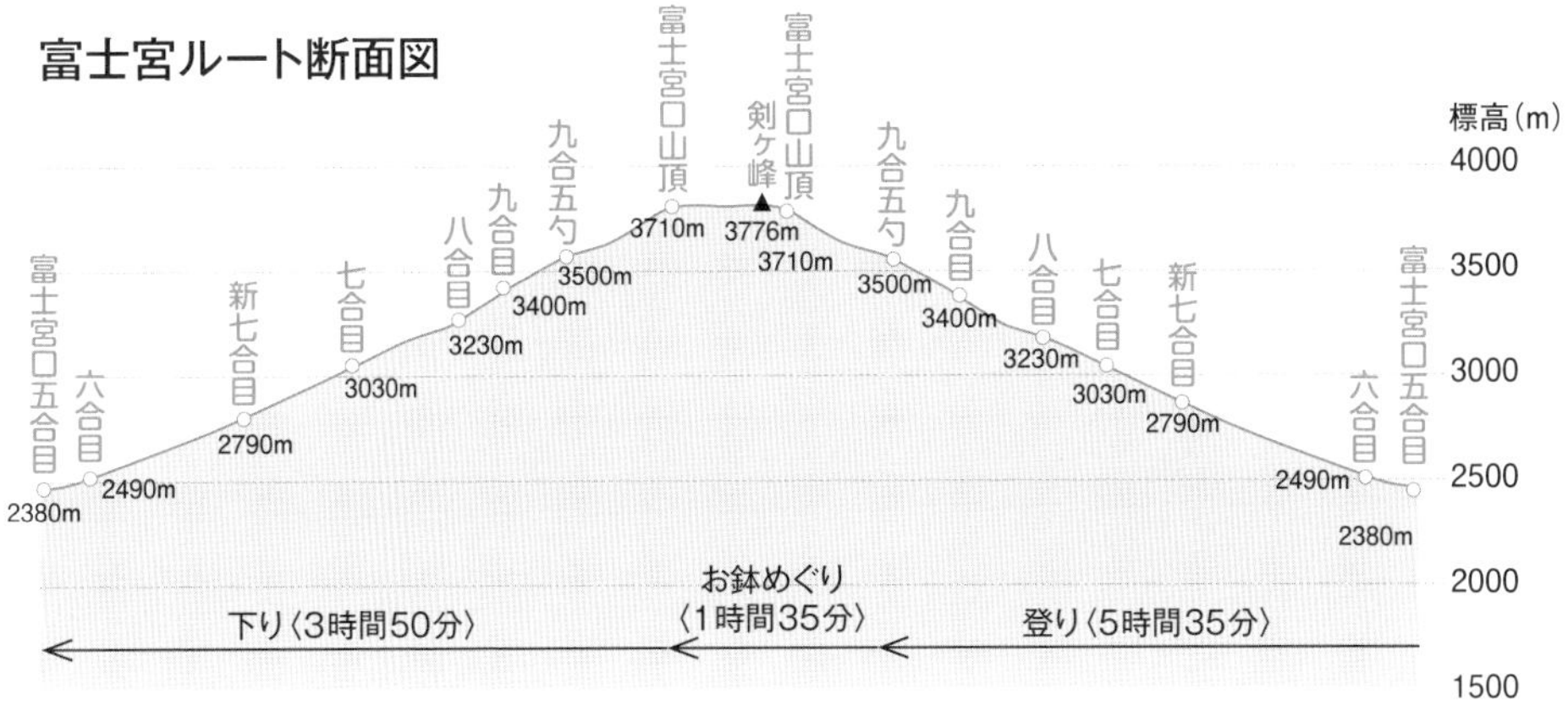

4つの登山ルート中で最高所の五合目は六合目との距離も短く、吉田ルートと比較すると勾配もゆるい。さらに富士宮口頂上と隣り合わせに最高峰の剣ヶ峰が聳える。

Access

電車

JR東海道新幹線「新富士」駅、または、「三島」駅、東海道線「富士」駅、身延線「富士宮」駅から、登山バスを利用。「新富士」駅から、富士宮口新五合目まで、約2時間10分。

クルマ

東名高速道路・富士IC、または、新東名高速道路・新富士ICから、西富士道路、国道139号、「富士山スカイライン」（無料）経由で、富士宮口新五合目へ。マイカー規制期間中は、水ヶ塚駐車場（南富士エバーグリーンラインと富士山スカイラインとの交差する付近）から登山口までシャトルバスを運行（約35分）。

問い合わせ

富士山スカイライン
マイカー規制情報
静岡県交通基盤部道路局
☎054-221-3013
登山バス・シャトルバス
富士急静岡バス
☎0545-71-2495

富士宮市観光協会
☎0544-27-5240

※アクセスの詳細は、127ページ「富士山へのアクセス」を参照。

▲登山口から駿河湾方面を見下ろす

五合目

登山用具のレンタルとコインロッカーも完備

バスターミナルには、仮設の売店と休憩スペース、トイレが隣接している。コインロッカーが設置された休憩室もあるので、ゆっくり体を高度に順応させていこう。標高差が少なく、最も歩行距離も短いが、高度順応を怠ると高山病になるリスクも高くなる。

ターミナルから階段を上るとすぐに山上が一望され、外国人初の登山者となった初代駐日イギリス人公使・オールコックの記念碑が立つ登山口に出る。ヘルメットの無料貸し出しと保全協力金の受付もある。

▲売店、トイレなどがある五合目のバスターミナル。

▲五合目の売店では、登山用具のレンタルができる。

▲売店に併設されている休憩スペース。

▲バイオトイレも設置された仮設トイレ。

五合目～六合目

駿河湾の展望が開ける標高差100mの六合目へ

登山口から木段を登り始め、露岩の道を登ると、すぐに公衆トイレの前に出る。歩き始めはついついピッチが上がってしまうが、足慣らしをしながらゆっくりと歩を進めていこう。

ゆったりとした砂礫《されき》の道を真っすぐに登っていくと六合目の山小屋も見えてくる。

六合目には雲海荘《うんかいそう》と宝永山荘《ほうえいさんそう》の2軒が並んで建ち、ご当地グルメの富士宮焼きそばやラムネなどが売られる売店は、東海道の茶店で休憩しているようで楽しい。ここで再び高度順応をしていくのもいいだろう。

▲最高所の五合目2400mの登山口。

▲すでに森林限界を越え、整備された道を登る。

▲六合目直下から駿河湾方面を眺める。

▼六合目へは緩やかな砂礫の道が続く。

▲名物の富士宮焼きそばを食べられる雲海荘。

▲火山礫の荒涼とした景観に変わっていく。

▲呼吸を整え、着実に歩を進めていく。

▲新七合目の御来光山荘。3000mまであと少しだ。

▲急坂だが登りやすい道を行く。

六合目～新七合目

森林限界を越え荒涼とした山上を目指す

宝永山《ほうえいざん》への道を分け、2軒の山荘の間を抜けて本格的な登山道に入っていく。完全に森林限界を越えたが、周辺の灌木《かんぼく》（低木）の緑が目を潤ませてくれる。

ここからは露岩の九十九《つづら》折《お》りの道が続く。富士宮ルートには下山専用ルートがないので、登下降の登山者が道を譲りあって歩くことになり、最盛期は思いのほか歩行時間が長くなる。ペースも乱れてくるが、比較的歩きやすい道が続く。焦らずに進んでいくと、新七合目の御来《ごらい》光山荘《こうさんそう》に着く。

▲新七合目から山上を見上げると、高所に適したオンタデやイタドリの群生が目をひく。

新七合目〜七合目

標高3000mを目指し 着実に高度を稼いでいく

軍手やタオルなどの忘れがちなものをチェックし、必要なものはなるべく六合目や七合目で調達していくようにしよう。そろそろ高山地帯に入っていくので必要であれば携帯酸素なども入手できる。

新七合目からも九十九折りの単調な登山道が続くが、海岸線の眺望が高度感を増し、富士山ならではの景観の中を登っていく。ブルドーザー道が合流し、標高3000mを越えると元祖七合目の山口山荘《やまぐちさんそう》に着く。

▲登山は登りが優先。道を譲り、呼吸を整えていく。

▲3000mを越えた元祖七合目・山口山荘で小休止。

▲宝永山を背にして元祖七合目の上部を登る。

▲八合目の池田館。標高は3250m。

▲ブルドーザーの道を見ながら溶岩の斜面を進む。

七合目〜八合目

標高3000mを越え 衛生センター併設の八合目へ

　元祖七合目から山頂へは標高差約700m、歩行距離約2km。約2時間から3時間の行程だ。標高3000mを越えたので、無理をすると高山病の症状が出ることもある。こまめな水分補給と小休止を取っていこう。

　しばらくすると、眼下に宝永《ほうえい》山《ざん》の砂丘のような稜線が姿を見せ始め、火山地帯の荒涼とした風景が展開。南アルプスに聳《そび》える日本第二の高峰「北岳」の標高と同じ3193mを越えると、富士山衛生センターを併設する八合目宿泊所（池田館）に着く。

八合目〜九合目

荒々しい火山岩の道を過ぎると登行しやすい道になる

富士山衛生センターの開設は7月中旬から8月下旬くらい。事前に開設日を確認していこう。翌朝に山頂でご来光を見るには、途中の山小屋で前泊か仮眠をして、深夜出発するのが一般的な行程になっている。深夜の登山は渋滞するので、山頂まで2〜3時間はみておきたい。防寒着とヘッドライトは必携。

八合目からは奥宮境内地に入っていく。噴火の激しさが伝わる荒々しい溶岩の道が続き、たくさんの硬貨が差し込まれた鳥居跡の間を抜けて九合目の萬《まん》年雪山荘《ねんゆきさんそう》へ。

▲山頂も近づくが、焦らずに一歩ずづ進もう。

▲溶岩の道では足を滑らせないように注意しよう。

▲硬貨が差し込まれた鳥居跡を抜けていく。

▼3400m付近からは宝永山もかなり下に見える。

▲九合目・萬年雪山荘に到着。中には大食堂がある。

▲九合五勺もあと少し。ここからがきつい登りになる。

九合目〜山頂

胸突《むなつ》き八丁の急登を登りつめ 富士宮口の頂上へ

萬年雪山荘の居酒屋のような食堂で一息入れたら出発。勾配はきつくなるので、一歩ずつ、ゆっくり登っていこう。傾斜がやわらぐと、斜面にへばりつくようにして建つ最後の山荘、九合《きゅうごう》五《ご》勺《しゃく》・胸突山荘《むなつきさんそう》だ。

頂上へは標高差180m。頭上真近に迫って見えるが、ここからがさらにきつい登行になる。ジグザグの道にブルドーザー道が合流し、防護提に沿って登りつめると、頂上浅間大社奥宮が鎮座する富士宮口頂上に達する。神社に併設された郵便局※では登山証明書も発行している。

▲石室のような最後の山小屋、九合五勺・胸突山荘。

▲最後の登りだが、余力を残して登っていこう。

▲富士宮頂上に鎮座する頂上浅間大社奥宮。郵便局が併設。

※例年8月下旬には閉館します。

▲頂上浅間大社奥宮越しに最高所の剣ヶ峰を望む。

▲山頂広場に設置されている方向指示板。

下山

ヘルメットを着用して 砂礫《されき》と露岩の道を下る

4本の登山ルートのうち富士宮ルートだけは、下山専用道がない。道を譲りあって登下降するため、往路も復路もコースタイムに余裕を持った計画を立てるようにしたい。

砂礫の道の下りはスリップしやすくなるので要注意。他の下山道と違い露岩の下りが続くので、転倒に注意。できれば、ヘルメットを着用したい。また、落石のないように下山しよう。

時間に余裕があれば、山頂から御殿場ルートを下り、宝永山経由で富士宮六合目へ戻ることもできる。

▲山頂に建つ頂上富士館。閉館時間が早い。

▲山頂付近からご来光を拝む。

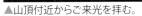

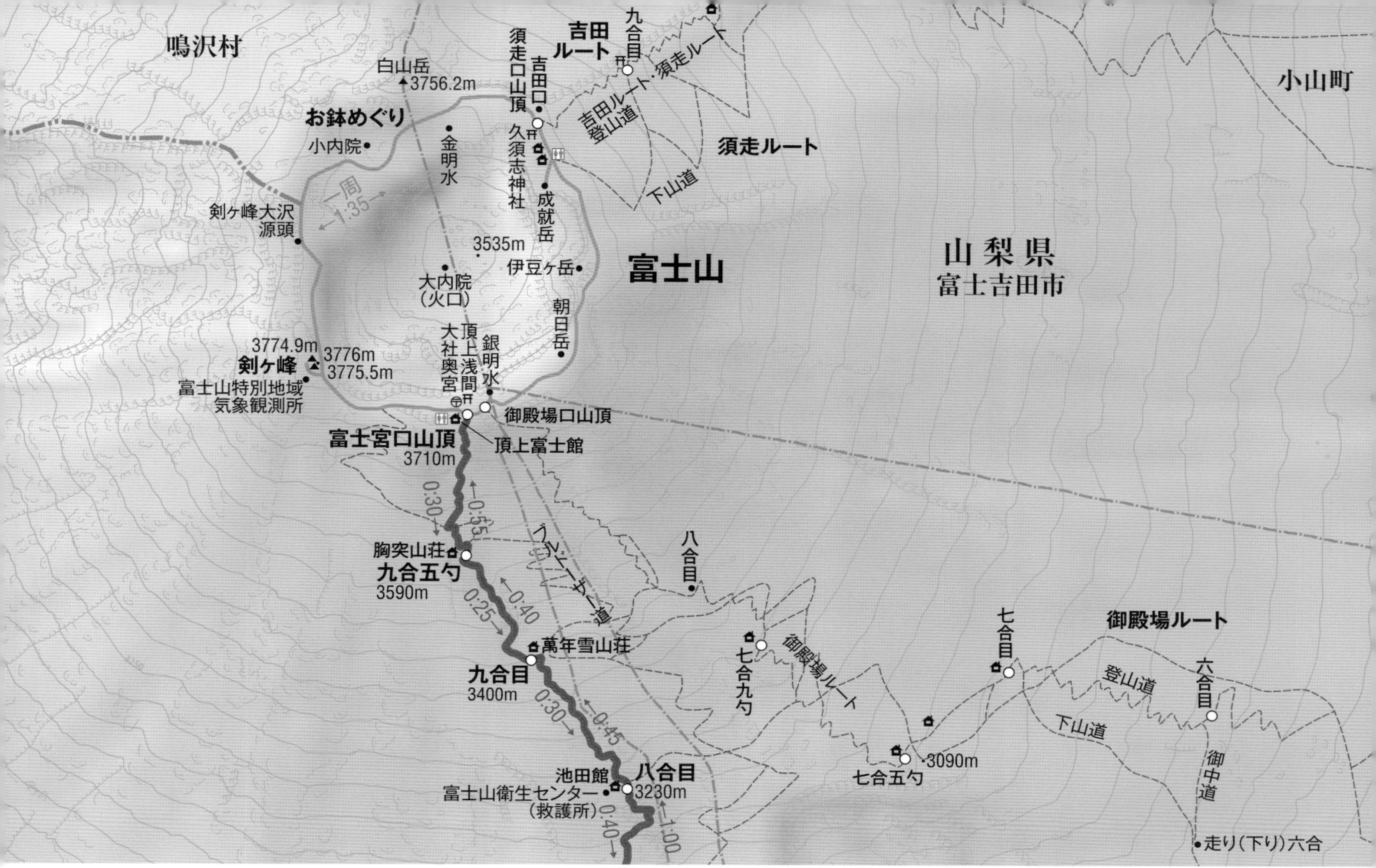

鳴沢村
白山岳
3756.2m
お鉢めぐり
小内院
一周
1:35
剣ヶ峰大沢源頭
金明水
3535m
大内院（火口）
3774.9m
剣ヶ峰
3776m
3775.5m
富士山特別地域気象観測所
頂上浅間大社奥宮
銀明水
御殿場口山頂
富士宮口山頂
3710m
頂上富士館
0:30
0:55
胸突山荘
九合五勺
3590m
0:25
0:40
ブルドーザー道
萬年雪山荘
九合目
3400m
0:30
0:45
池田館
八合目
富士山衛生センター（救護所）
3230m
0:40
1:00
吉田ルート
九合目
吉田口山頂
須走口山頂
久須志神社
成就岳
伊豆ヶ岳
朝日岳
吉田ルート・須走ルート
吉田ルート登山道
須走ルート
下山道
富士山
山梨県
富士吉田市
小山町
八合目
七合九勺
御殿場ルート
七合目
七合五勺
3090m
御殿場ルート
登山道
下山道
六合目
御中道
走り（下り）六合

富士宮ルート
元祖七合目
山口山荘
七合目
3030m
0:35
0:50
御来光山荘
新七合目
2790m
静岡県
富士宮市
富士宮ルート登山道・下山道
ブルドーザー道
0:45
1:00
宝永山荘
雲海荘
六合目
2490m
0:25
0:35
富士宮口五合目
2380m
富士山総合指導センター
N
0
250
500m
1:15,000
地図上の1cm=実際の150m
富士山スカイライン
水ヶ塚公園・富士宮・御殿場へ
御殿場市
大砂走り
宝永山馬ノ背
御殿場口新五合目へ
宝永火口
宝永山·2693m
第一火口·2420m
火口底
宝永遊山道
第一火口縁
宝永遊山道
第二火口
·2352m
須山口登山歩道
富士市
·2149m
第三火口

▲砂走り下山路から富士山頂を望む。

▶森林限界を越えた六合目付近の岩場。

静かな登行と砂走《すなばし》りが魅力

S 須走《すばしり》ルート

ubashiri route

登山者でにぎわうメインルートとは違った静かな山歩きが楽しめるコース。下山の砂走りも富士登山の醍醐味を体感できる。

歩行時間
9時間25分

歩行距離
約16.0km

最大標高差
約1806m

Access

電車・バス
JR御殿場線「御殿場」駅から、富士急行バス（富士登山バス）で須走五合目へ、約1時間。

クルマ
東富士五湖道路・須走IC、または国道138号から「ふじあざみライン」（無料）を利用して、須走五合目へ。マイカー規制期間中は、須走IC近くにある乗り換え駐車場（道の駅すばしり北側の「須走多用途広場」）を利用。須走五合目までシャトルバスを利用（有料）。

問い合わせ
マイカー規制
小山町観光スポーツ交流課
☎0550-76-6114
登山バス・シャトルバス
富士急モビリティ(9:00～17:00)
☎0550-82-1333
富士山全般
富士山静岡ナビ ☎0544-21-3220

樹林帯を抜け吉田口八合目へ 下山は砂走りを駆け下りる

樹林帯の中の五合目の標高は海抜２０００ｍ、４本のルートの中では2番目に低い。登山口からしばらくは樹林帯の中の静かな山道で森林浴を楽しんでいき、森林限界を越えていく。

標高３４００ｍ付近で登山道は吉田ルートの本八合目に合流し、一変して賑やかなメインコースをひたすら登りつめれば、吉田口と須走口の頂上に達する。

下山は八合目の江戸屋で吉田口を見送り、七合目に出たらスピードをセーブしつつ一気に砂《さ》礫《れき》の道を下っていく。

▲下山の砂走り。膝を痛めないように注意しよう。

◀御殿場口新五合目のスタート地点にある登山門の鳥居。

▲砂の斜面をひたすら登って行く。

豪快な大砂走りを体験しよう

G 御殿場ルート

otemba route

頂上への標高差と歩行距離は4つのルートの中で群を抜く。ハードなコースだが、富士登山ならではの雄大な火山帯を満喫できる。

歩行時間
11時間25分

歩行距離
約20.7km

最大標高差
約2336m

健脚者向けのロングコース。下山は大迫力の大砂走り

新五合目から御殿場口頂上へは標高差約2260m、総歩行距離約20kmのロングコース。

はじめは砂に埋まりながらの登行が続き、六合目で宝永山《ほうえいざん》からの道を合わせる。途中の山小屋泊が一般的な行程で、影富士も楽しめる。さらにハードな登りが続くが、八合目の上が頂上となり、剣ヶ峰も近い。

下山は下り六合から大砂走りへ。踵でバランスを取りながら、一歩が3mにもなる大下降だ。スパッツ、マスク、着替え、さらにゴーグルも用意したい。

▲御殿場口新五合目から10分程度登ったところにある大石茶屋。

Access

電車・バス

JR御殿場線「御殿場」駅から、富士急行バス（富士登山バス）で御殿場口新五合目へ、約40分。

クルマ

御殿場市街、または富士宮、裾野方面から「富士山スカイライン」（無料）を利用して、御殿場口新五合目へ。富士山のほかの登山口では、毎年、自家用車の通行を規制するマイカー規制を実施しているが、御殿場ルートは実施していない。

問い合わせ

富士山スカイライン
静岡県交通基盤部道路局道路保全課
☎054-221-3024
登山バス
富士急モビリティ(9:00〜17:00)
☎0550-82-1333
マウントフジトレイルステーション
（富士登山案内所）
御殿場市観光協会 ☎0550-83-4770

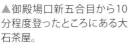

火口を一周する壮大な縦走路

お鉢《はち》めぐり

hachi meguri

周囲約2.3km、直径780m、深さ約237mの火口壁の登山道を一周する日本最高所の周遊トレッキングコース。

▲富士宮頂上付近からお鉢の稜線と火口を眺める。

▲富士宮頂上から剣ヶ峰を目指す。

▲八ヶ岳と後ろ立山連峰を遠望する。

所要時間約95分
日本一の大パノラマを楽しむ

古くは周囲の八つの峰を回ることから「お八巡り」と呼ばれ、左肩を境内の外に向ける仏教のしきたりに従って、時計回りで歩いたと言われている。

現在は自由に歩くようになったが、剣ヶ峰への最後の登りは、やはり時計回りのほうが最高峰を極めた達成感が心地いい。

▲吉田口にある金明水（写真上）、と富士宮口にある銀明水。

PART 4 持ち物を準備する

標高日本一の富士山は、突然天気が急変することも珍しくない。富士山を安全、快適に登山するためには、さまざまな天候に対応できる装備が欠かせない。必要なものや予算について、チェックしよう。

●富士登山に必要なもの

安全で快適な登山に必要な基本装備をそろえよう

軽装登山は事故の元！
確かな装備が登頂率を高める

富士登山のために何を用意したらいいのか。石井スポーツ登山本店・金井賢介店長に聞いた。

「近ごろは装備の性能が向上したことで、安全性や快適さは高まっています。確かな装備をそろえれば、それだけ快適な登山が可能。登頂率も高くなります。登山装備の予算は20万円が目安。登山予定は富士山1回だけという方であれば、高価な登山道具をそろえることにためらいもあるでしょう。とはいえ、手持ちのウェアや靴で登った場合、雨に降られて低体温症になったり、足元が不安定でけがをしたりと、事故につながる恐れも。軽装登山は避け、最低でも雨具と靴は登山専用のものをそろえたいところ。予算的に難しければ、レンタルを利用するのも手です」

ただしレンタルは登山直前に送られてくる場合が多く、前もって使い慣れておくことはできない。また、サイズが合わなくても交換できないこともある。

「せっかく富士山に登るのであれば、自分に合う道具をそろえ、登山を長く楽しんでいただけたらうれしいですね」

左ページのリストを参照に、必要なものをそろえていこう。

石井スポーツ登山本店店長
金井賢介さん

石井スポーツ登山本店店長。日本山岳ガイド協会 登山ガイドステージⅡの資格を持つ。長く甲府店に勤め、初心者に向けて富士登山の用品アドバイスをしてきた経験も豊富。

富士登山持ち物リスト

基本の持ち物	◎	登山靴	スニーカーだとソールが軟らかく足に負担がかかる。登山用の靴を。
	◎	レインウェア	上下に分かれているセパレート型で防水性、透湿性の高いものを。
	◎	ザック／レインカバー	山小屋泊なら20〜30ℓのものを。レインカバーは雨天時にザックにつける。
	◎	ヘッドランプ	夜間に行動する予定がない人も、予定より遅れたときのために必ず持とう。
	○	トレッキングポール	登るときの推進力や、下るときのストッパーとして役立つ。２本型がおすすめ。
	◎	地図／コンパス	道迷いの防止に。スマホが使えなくなったときのために紙地図も用意。
	◎	スマートフォン	道に迷ったり、けがをしたときに救助を要請できる。地図アプリも便利。
	◎	モバイルバッテリー	スマートフォンの充電が切れたときのために。
行動時に身につけるもの	◎	ソックス	登山用の厚手のものを。濡れたときのために予備も用意。
	◎	ベースレイヤー	Tシャツなど、肌に直接着るウェア。吸汗速乾性に優れた化学繊維のものがベスト。
	◎	行動着	肌寒いときに羽織る上着。薄手のフリースが使い勝手がいい。
	◎	保温着	山頂でご来光を待つのであれば必須。薄手のダウンジャケットなどがおすすめ。
	◎	パンツ	動きやすく速乾性の高いものを。ジーンズだと汗を吸って重くなる。
	◎	帽子（つば付き）	日射病予防につばの付いた帽子を。風で飛ばされないようあごひも付きが◎。
	○	ニットキャップ	日が落ちると寒いので、夜行動するならぜひ持ちたい。
	○	グローブ	岩をつかむので手の保護に。防寒効果もあり。
	○	サングラス	紫外線から目を守る。下山の際には、砂ぼこりが目に入るのを防いでくれる。
	○	ヘルメット	落石による事故に備えて。特に夜明け前の暗い時間に行動するなら持っていきたい。
	◎	マスク	山小屋でのコロナ、インフルエンザ対策に。下山道の砂ぼこりを防ぐのにも役立つ。
	○	スパッツ／ゲイター	下山の際、小石が靴の中に入るのを防いでくれる。パンツの裾汚れ防止にも。
	○	サコッシュ（ショルダーバッグ）	行動中サッと取り出したいものを入れたり、山小屋内で貴重品を持ち歩くのに便利。
	○	腕時計	スマホで時間確認しなくてすむので、バッテリーを節約できる。
食べ物飲み物	◎	水	高山病や熱中症予防のためにまめに飲みたい。水なら、けがをしたとき砂を洗い流せる。
	◎	ハイドレーション	ザックを下ろさずに、歩きながら水を飲める給水の道具。
	◎	行動食	登山中の栄養補給に。おにぎりやチョコレート、ナッツなどを持とう。
そのほかの持ち物	◎	お金	支払いが現金だけの山小屋もある。トイレはチップ制なので100円玉を多めに。
	◎	保険証	けがや急な体調不良に備えて。コピーでもOK。
	◎	ファーストエイドキット	消毒液やばんそうこう、常備薬、下痢止めなどの医薬品。
	○	ジッパー付きビニール袋	濡らしたくないものを入れるのに便利。ゴミ袋としても使える。
	○	日焼け止め	曇りの日でも紫外線は強い。肌が露出しているところは塗ったほうがいい。
	○	タオル／手ぬぐい	汗を拭くほか、首に巻けば防寒、日焼け防止にも役立つ。
	○	耳栓／アイマスク	山小屋での安眠に。普段、寝つきが悪い人は特におすすめ。
	○	使い捨てカイロ	山頂でのご来光待ちの際、暖を取るのに役立つ。
	○	汗拭きシート	山小屋にシャワーやお風呂はない。汗でベタついた体をサッパリと拭けて重宝。
	○	ウェットティッシュ	富士山は水が貴重。食事の前やトイレの後の手拭きなどに。

◎は必ず用意したいもの、○はあると便利なもの。

●レインウェア

上下セパレートタイプで防水浸透性が高いものを

登山用品の中で最重要！高い防水浸透性が命を守る

　登山靴、雨具、ザックは登山の「三種の神器」と呼ばれるが、中でも特に重要なのが雨具だ。というのも、レインウェアの場合、雨がしみて濡れた体に風が吹きつけたら、低体温症になる恐れがある。最悪、死に至る危険もあるからだ。

　では、どんな雨具を選べばいいのか。風が強いと傘やポンチョタイプの雨具では、風であおられてめくれ上がり、役に立たない。ビニールがっぱでは通気性が悪く、汗で蒸《む》れて体が濡れてしまう。

　必須条件は、パンツと上着が分かれているセパレートタイプであること。そして重要視してほしいのが、防水性と浸透性だ。防水性は耐水圧2万㎜、浸透性は2万g／㎡／24ｈのものを選ぶと安心だ。登山専用メーカーの雨具であれば、このあたりをクリアしているものが多い。ちなみに、レインウェアは雨が降っていないときでも、防風のアウターとしても活躍してくれる。ダウンジャケットやフリースジャケットなど保温着の上に着ても動きやすいよう、余裕をもったサイズ選びを心がけよう。

登山用品の専門店では、上下バラ売りで販売されている雨具が多い。好みの色を組み合わせられる。

ゴアテックスなど、防水透湿性、防風性を備えた素材のレインウェアを選ぼう。パンツのファスナーが膝上まで開くタイプなら、靴を履いたまま着脱しやすい。直ばきできるタイプのパンツなら、登山パンツとしてもレインウェアとしても着ることができる。

パタゴニア／メンズ・トレントシェル 3L・レイン・ジャケット、メンズ・トレントシェル 3L・レイン・パンツ（ショート）

ザ・ノース・フェイス／クラウドジャケット、クラウドパンツ（メンズ）

選び方 POINT

フードが頭に合っているかもチェック!

フードの大きさには、ヘルメットの上からかぶることができるものと、ヘルメットの下にかぶるものの２種類がある。用途に合ったものを選び、頭を振ってもフードで視界がさえぎられることのないよう、フィットするか確認しよう。

ミレー／ティフォン50000 ストレッチ ジャケット、ティフォン 50000 ストレッチ トレック パンツ

●登山靴

２０００ｍ級向け（２〜３万円台）以上の足首が覆われたタイプを選ぼう

靴が頑丈なほど足への衝撃は小さくなる

登山靴を選ぶポイントは、登る山の標高だ。大きくは３０００ｍ級向け（４万円以上）、２０００ｍ級向け（２〜３万円台）、里山ハイキングから１０００ｍ級向け（１〜２万円台）の３段階に分けられる。価格帯の違いは靴の頑丈さ。高価格帯の登山靴は、ソールや靴本体がしっかりと作られている。

標高が高い山は岩がゴツゴツしている箇所も多い。ソールが軟らかい靴だと、足裏に突き上げを感じて、歩行が不安定になる。ソールやアッパー剛性がしっかりしている登山靴を履けば、そうした心配を回避できる。

富士山は３０００ｍ級の登山靴で臨みたいが、高価格なうえ、慣れないと歩きにくいという難点もある。富士山は危険な岩場が連続するわけではなく、テント装備を背負うこともないことを考えると、２０００ｍ級向けの登山靴も選択肢に入れて構わない。１０００ｍ級向けでは足を痛めたり、足元がフラついて転ぶリスクが高く、心もとない。

また、登山靴の形状には足首を覆うタイプと覆わないタイプがあり、富士登山には足首まで覆われたタイプがおすすめ。足首を固定することで、下りの際に靴の中で足が前に滑るのを防ぐことができるからだ。さらに、ゴアテックスなどで防水、防塵加工がされているものだと、靴の中に雨水や砂が入ってくるのを防ぐことができる。

選び方 POINT

採寸し必ず試し履きする

登山靴はメーカーによってサイズ感が大きく変わるので、試着は必須。登山道を想定したステップが設けてある店で、店員さんと相談しながら選びたい。

1 採寸する

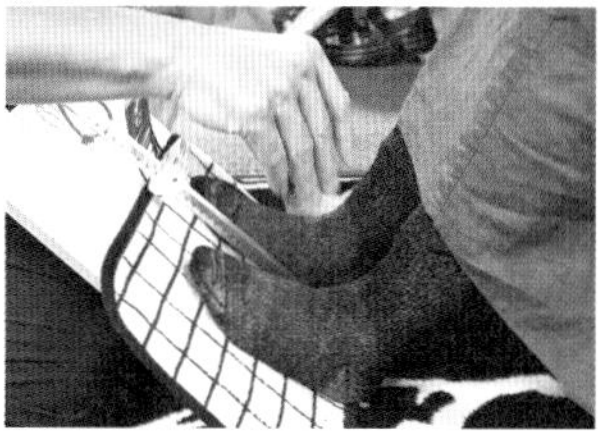

登山用のソックスを借りて採寸。重力がかかると足裏アーチがつぶれて足が広がるので、その状態でのサイズもチェックしよう。

2 捨て寸を計算する

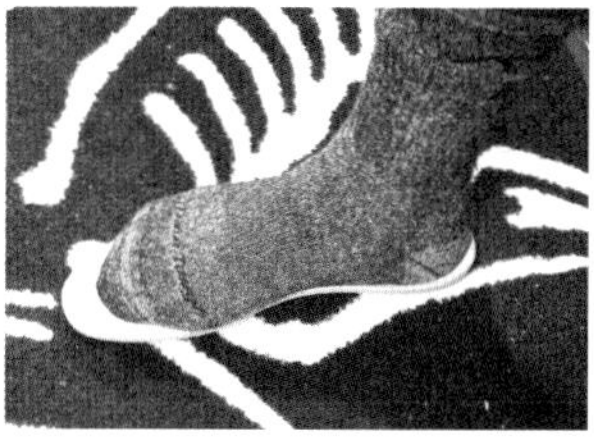

下りで足が前にズレてもつま先が当たらないよう、1～2cm大きめのサイズを選ぶ。これを「捨て寸」という。

3 試し履きする

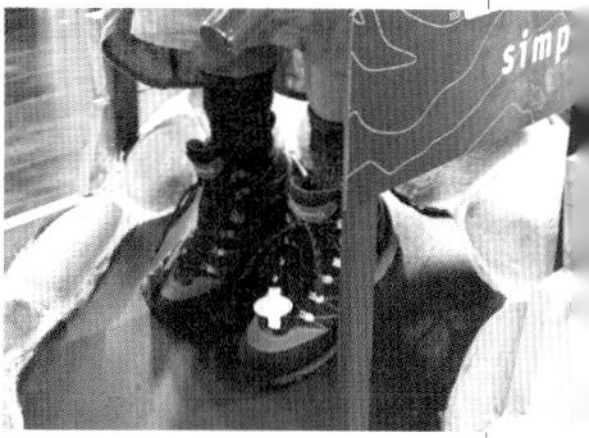

下りでつま先が当たらないか、狭い岩場に足をかけたときに、足先がきちんと乗るかなど、店内のステップを使ってチェックする。

富士登山には、足首までしっかりホールドできる登山靴を選ぼう。きつい傾斜を下りる際、靴の中で足が前にズレるのを防いでくれる。

キャラバン／C1_02S

スポルティバ／TRANGO TRK GTX

●ザック

目安の容量は25～30ℓ。登山用に設計されたものがおすすめ

ヒップベルトや背面メッシュで快適に登山できる

普段お使いの通勤用リュックなどで、「富士登山できるのでは？」と考える人もいるかもしれない。

もちろん可能だが、登山用に設計されたザックには、腰に重量を分散できるヒップベルトがついていたり、蒸《む》れ防止に背面がメッシュになっているなど、背負いやすく疲れにくい工夫がほどこされている。これらの快適性が登頂率を左右する。

山小屋に1泊して富士登山する場合、目安となるザックの大きさは30ℓだ。「下山後の着替えは車に荷物を置いていく」など、荷物が少なめの場合は25ℓ程度でもまかなえる。

ただ、家で整理してピッタリ入るサイズでも、山ではかさばって入らなくなる場合もある。すべての荷物を入れても、多少余裕のあるサイズが望ましい。

25～30ℓのザックは、開口部の上に雨ぶたがついている「雨ぶた式」と、ジッパーで開け閉めする「ジップ式」のいずれも種類豊富。雨ぶた式はザック本体の荷物が雨で濡れにくく、雨ぶたに荷物を入れられる。一方ジップ式は大きく開口するので、荷物を出し入れしやすい。いずれも登山用に設計されているので、好みのものを選ぼう。

ザックの色は明るめがおすすめ。目立つので仲間の目印になったり、道迷いしそうなときに声をかけてもらいやすい。

選び方 POINT

サイズやポケットの多さをチェック!

ヒップベルトや背面メッシュ構造のほか、ポケットがたくさんあり、細かい荷物を小分けできるなども、使いやすさのポイント。また、同じモデルでもサイズが複数あったり、男女別の設計になっているものも。試着して、背負いやすさを確認しよう。

サイズ

S、M、Lなどのサイズがあり(ワンサイズの商品もある)、首の後ろから腰骨までの「背面長」で決まる。ショルダーベルトの太さや形状が、体に沿うよう男女別に設計されたモデルもある。

ヒップベルト

締めることで、重さを肩だけでなく腰に分散できるのでザックを軽く感じられる。ここにポケットがついていると小物を入れられて便利。

ポケット

ポケットの場所や大きさもチェック。飲み物を取り出したり、上着を脱ぎ着するたびに、ザック本体を開け閉めせずに済む。

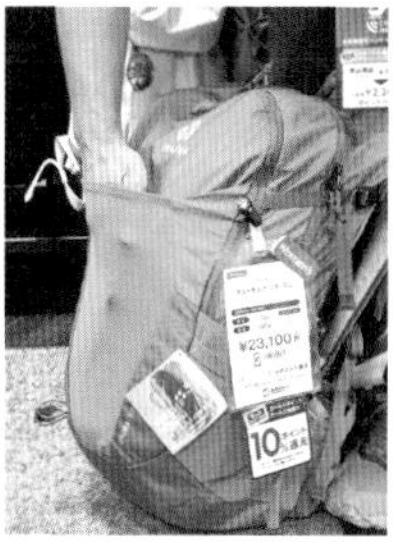

背面の構造

メッシュになっていたり、背面と背中が密着しないトランポリンのような構造になっているなど、背中が蒸れにくい設計のものを選ぼう。

雨ぶたがザック本体の中身に雨が染み込むのを防いでくれるので、カバーをつけるまでの時間、雨から荷物を守ってくれる。

ミレー／
サースフェー NX 30+5

天井部分をジッパーで開け閉めするジップ式は、ガバリと開けられるのが特徴。どこに何をしまったか、確認しやすい。

ドイター／
FUTURA 25 SL

●富士登山に必要なウェア

真夏並みから真冬並みまで変化する気温に対応できるウェアを用意

ベースレイヤー、行動着、保温着、レインウェアを重ね着

五合目は30℃近い日も、山頂付近では10℃前後になる。急激に上下する気温に対応するには、複数のウェアを重ね着することが必要だ。用意したいのはベースレイヤー、行動着、保温着、レインウェアの4枚。それぞれ、どんなものを選べばいいか見ていこう。

五合目

猛暑日は五合目で汗が吹き出すほど暑い。半袖、もしくは薄手の長袖のベースレイヤー1枚でちょうどいい日が多い。

七~八合目

3000mを超えると、涼しさを感じるので、行動着を重ねる。風が強いなら、代わりにレインウェアを羽織ってもいい。休憩中は保温着で体を温めることも。歩き出すときは行動着に着替えるなど、こまめに脱ぎ着して調整する。

山頂

ベースレイヤー、行動着の上に、保温着もしくはレインウェアを重ねてちょうどいい。山頂でご来光を待つ場合は4枚すべてを身につけ、さらにニットキャップやグローブも合わせて暖を取る。

●ベースレイヤー

肌に直接触れるTシャツや肌着。吸汗速乾性が高い素材のものを

汗を素早く吸収して拡散。肌をドライに保つウェア

ベースレイヤーとは、肌に直接触れて汗を処理するウェアのこと。吸汗速乾性に優れた素材でできたＴシャツなどがベースレイヤーにあたり、肌が汗で濡れたり、汗で体が冷えるのを防いでくれる。綿素材のＴシャツは、汗が乾きにくいのでＮＧ。ポリエステルなどの化学繊維かウール製のものを選ぼう。

ベースレイヤーのＴシャツだけでも構わないが、より快適性を高めるなら、その下に速乾性抜群のドライウェアを重ねるのもおすすめ。汗を一切吸わない化学繊維で作られたドライウェアなら、かいた汗を素早く次のウェアへとリレーしてくれるため、肌は常にドライな状態を保つことができる。

ベースレイヤーを半袖にするか長袖にするか、ドライウェアを用いるかなどは、暑がりか、汗をかきやすいかなど、体質に合わせて選ぶのがおすすめだ。

速乾性、吸湿性の高いTシャツは、ベースレイヤーに最適。汗をかいてもすぐに乾いてくれる。

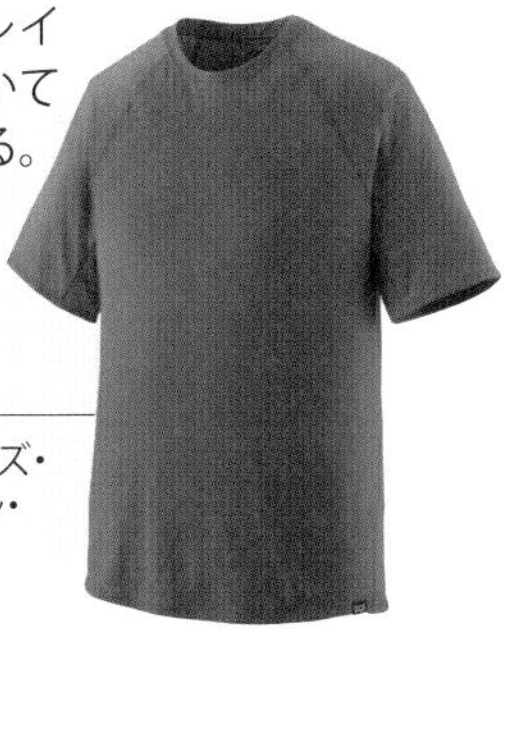

●パタゴニア／メンズ・キャプリーン・クール・トレイル・シャツ

汗が瞬時に肌から離れるよう設計されたアンダーウェアとして着るドライウェア。

●ファイントラック／ドライレイヤーベーシックT

●行動着

寒くなってきたときに羽織る薄手のフリースがおすすめ

体を保温しつつ動きやすいことが大事

　標高が上がってくると気温が下がり、ベースレイヤーだけでは寒く感じる。このとき羽織るのが行動着だ。行動着に求められる機能は、軽くて動きやすいこと、体を保温してくれること、そしてベースレイヤーから伝わってきた汗を、素早く外へ逃がしてくれることだ。

　行動着としては、長袖のカッターシャツやソフトシェル、フリースなど、実に幅広い選択肢がある。羽織ると暖かく、濡れてもすぐに乾くという条件を満たせばどれでもOK。フリースを選ぶ場合、厚手のフリースだと歩くとすぐ暑くなるし、荷物もかさばってしまう。薄手のものを選ぼう。

　休憩中は着て、歩いて暑くなると脱ぐというように、何度も脱ぎ着するので、頭からかぶるプルオーバータイプより、前が開くジャケットタイプのほうが使いやすい。

●モンベル／シャミースジャケット

●パタゴニア／メンズ・R1テックフェイス・ジャケット

　行動着に欲しい条件は、着ると暖かく、濡れてもすぐ乾くこと。そしてかさばらずに持ち運びやすいことだ。撥水性の高いジャケットや、薄手のフリースが最適。

●保温着

登山用に作られた軽く暖かいダウンジャケットが最適

ご来光待ちや山小屋での仮眠で体を冷やさない

行動着におすすめのカッターシャツやフリースは、通気性が高いため、着たまま動いていても程よく風が抜けていく。

ただし立ち止まると風が冷たい。レインウェアを重ねれば解消するが、頂上でご来光を待ちながらじっとしているときは、それでも寒さを感じるだろう。そこで用意したいのが保温着だ。

保温着におすすめなのは、ダウンジャケット。特徴は抜群の保温力だ。街で着るダウンジャケットは重く、収納にもかさばるが、登山用に作られたダウンジャケットは、軽くてコンパクトに収納できるよう設計されている。

富士山では、雪が舞うような寒さに見舞われることもあるし、山小屋で寒さを覚えることもある。

ご来光を山頂で見る予定がない人も、必ず保温着を持つようにしよう。

●モンベル／スペリオダウンジャケットWomen's

登山用に作られたダウンジャケットは、保温性の高さは、街で着るダウンジャケットとほぼ同じながら、小さな袋に収納することができ、驚くほど軽い。

●パタゴニア／メンズ・ダウン・セーター

●パンツ&タイツ

ジーンズやチノパンはNG。ストレッチの効いた速乾素材を選ぼう

ジップオフパンツなら1枚2役で便利

　ジーンズやチノパンのような綿が入っているパンツは、汗を吸うと重くなるうえに、なかなか乾かず体を冷やしてしまう。ナイロンやポリエステルなどの化学繊維で作られた、速乾性、通気性の高いものを選ぼう。

　また、ストレッチが効いて、足の動きを邪魔しないことも条件だ。登山用のパンツであればそれらの条件をクリアし、ポケットの位置なども登山時に使いやすいよう工夫されている。

　登山前や下山後、麓では短パンを履きたい人におすすめなのが、ジップオフタイプのパンツだ。ジッパーで裾を取り外すことができ、短パンと長ズボンの2役をこなしてくれる。

　登山中は日焼けや、岩場でのけがを予防するために、長ズボンにするか、短パンの下にタイツを履きたい。山小屋や夜間登山の冷え防止に、長ズボンの下にタイツを重ねるのもおすすめ。

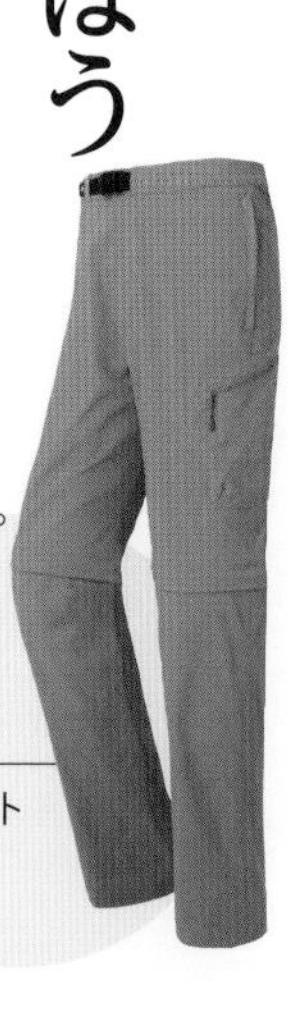

　膝下部分をジッパーで分離することで、短パンとしても着用できる2WAYパンツが便利。

●モンベル／O.D.パンツ ライト コンバーチブル Men's

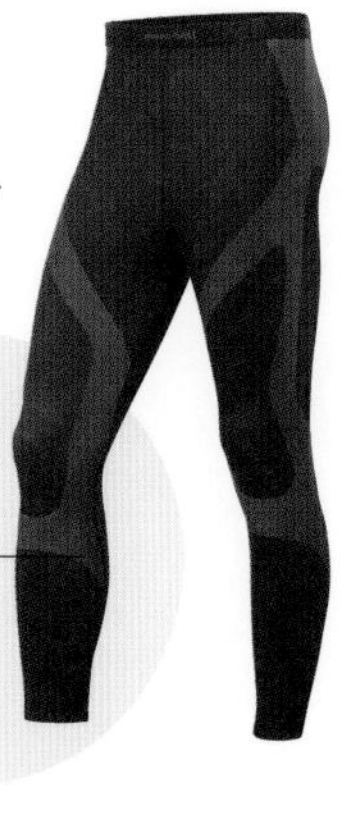

　段階着圧などの力で、筋肉の働きをサポートしてくれるタイツも人気。

●モンベル／サポーテックタイツ

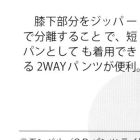

●トレッキングポール

軽量で強度の高いカーボン製。折りたたみ式が理想

体力の消耗を軽減してくれる登山の味方

　トレッキングポールとは、登山に使うつえのこと。つえで地面を押す力が推進力になるなど、体力の消耗を防ぐ効果がある。手頃な価格のアルミ製や、丈夫さが魅力のカーボン製などがある。持ち手はT字型とI字型があり、手のひらや肩への負担が少ないのはI字型だ。

　また、収納法には伸縮式と折りたたみ式がある。スムーズにたためて、縮めたときコンパクトになることから、おすすめなのは折りたたみ式。富士山は岩場などトレッキングポールを使わない場所も多く、出し入れする機会が多いからだ。

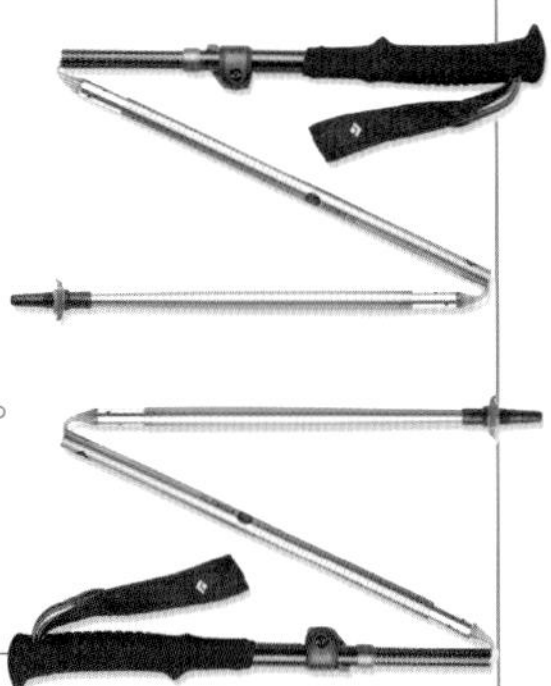

　富士登山では、トレッキグポールを使ったりしまったり繰り返すことが多い。サッと畳みやすい折りたたみ式がおすすめだ。

●ブラックダイヤモンド／ディスタンスFLZ

選び方POINT

1m先についたときの長さをチェック

　トレッキングポールを持ち、1m先に先端をつく。このとき体が前のめりになるようなら短すぎ。下りの際に短いため不安定だ。真っすぐに立てる長さのものを選ぼう。

1m先についても上体を真っすぐ保てる長さがあれば、下りでも対応できる。

そのほかの持ち物のPOINT

あると便利な持ち物や、選び方のコツについて、詳しく紹介しよう。

●ヘッドランプ

両手を空けられるヘッドランプが便利。300ルーメンの明るさがあると安心だ。これから購入するなら、おすすめは充電式。毎回使用前に充電すれば、使いたいときに電池切れの心配がない。

Black Diamond

●ブラックダイヤモンド／アストロ300-R

●サングラス

紫外線や砂ぼこりから目を守るために装着。曇りの日でも視界が見やすいよう色は明るめのものがおすすめだ。軽量で、顔にしっかりフィットするタイプを選びたい。

●モンベル／トレッキンググラス

●ソックス

スポーツソックスではなく、厚手の登山用のものが必須。クッション性が高く足への負担が軽くなるうえ、汗を素早く吸って足をドライに保ってくれる。濡れたときのために、予備も持ちたい。

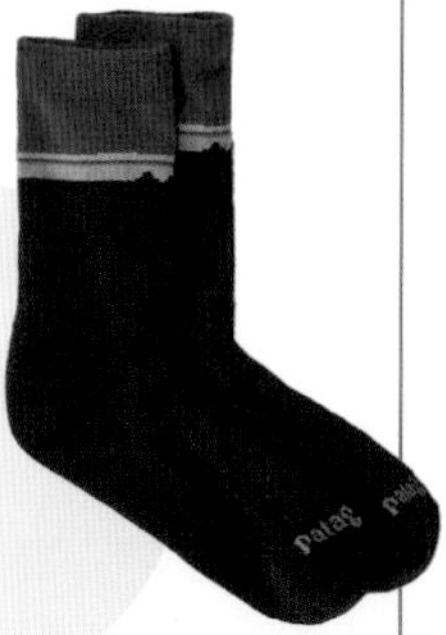

●パタゴニア／ウール・クルー・ソックス

夜間行動するならヘルメットを着用!

●ヘルメット

富士山では落石や転倒により頭部をけがする事故が起きている。特にご来光を山頂で見るために暗い中行動する場合、ヘルメットを着用しよう。吉田ルート、富士宮ルートでは無料貸し出しを行っているが、数に限りがあるので持参すると安心だ。

mont·bell

●モンベル／L.W.アルパインヘルメット

登山ヘルメット無料貸出中
落石、転倒や突発的な噴火に備えてヘルメットを着用しましょう。
デポジット制
¥2,000/個

ファーストエイドキット

万が一けがをしたり、体調が悪くなったとき、最初の処置を行うための道具。ばんそうこうや消毒液、テーピングなどのけがや靴ずれ対策の道具のほか、胃薬や下痢止め、頭痛薬などの内服薬もあると安心。防水性の高いバッグに入れよう。

モンベル／ファーストエイドバッグ
（※商品はバッグのみの販売）

ゲイター／スパッツ

パンツの裾から靴にかけて覆うカバー。砂や雨が靴の中に入るのを防ぐ働きがある。富士山は特に下りで、靴の中に砂が入りやすいのでぜひ持ちたい。パンツの裾が汚れるのも防ぐことができる。

モンベル／GORE-TEX ライトスパッツ ロング

ハイドレーションシステム

ザックの中のソフトボトルから、チューブで水を給水できるシステム。登山初心者ほど少しの水分不足で脱水症状が出やすい。ザックからボトルを取り出すことなく、好きなタイミングで給水できて脱水を防止できる。

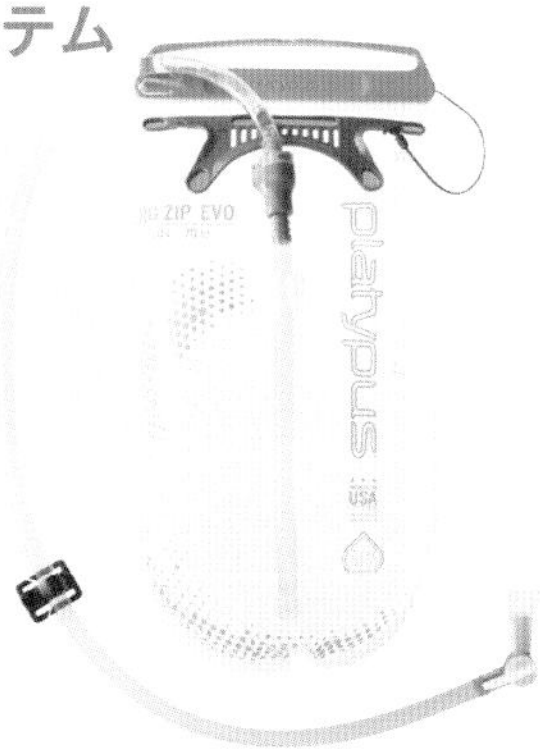

プラティパス／
ビッグジップEVO 2.0ℓ

インソール

足裏のアーチをサポートしてくれる中敷き。靴のフィット感がアップし、足元が安定しやすくなる。特に登山靴をレンタルする場合、インソールだけでも自分に合うものを使うと、足元のトラブルが起こりにくい。

シダス／アウトドア3D

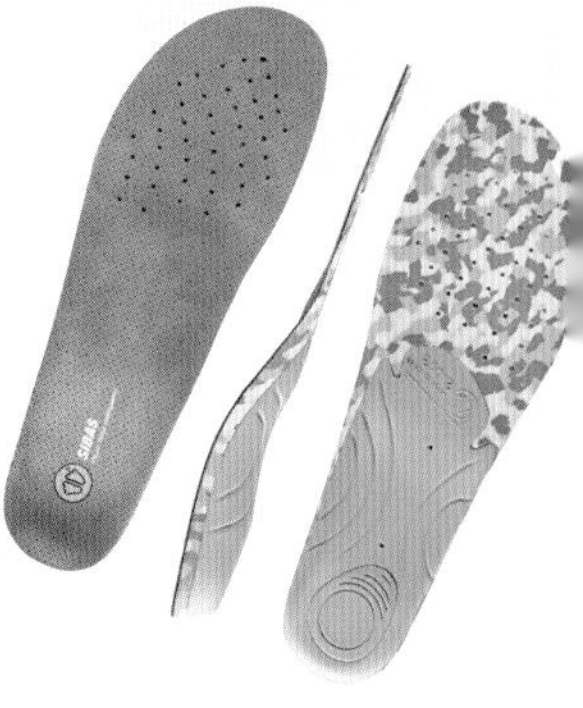

問い合わせ先

キャラバン	https://www.caravan-web.com/
ザ・ノース・フェイス（ゴールドウインカスタマーサービスセンター）	0120-307-560
シダスジャパン	☎045-263-9559
スポルティバ（日本用品スポルティバジャパン・ディビジョン）	☎03-3841-6965
ドイター（イワタニ・プリムス）	☎03-6667-0680
パタゴニア 日本支社 カスタマーサービス	☎0800-8887-447
ファイントラック カスタマーサービス	0120-080-375
ブラックダイヤモンド（ロストアロー）	www.lostarrow.co.jp/store
ミレー・カスタマーサービス	☎050-3198-9161
モチヅキ	☎0256-32-0860
モンベル・カスタマー・サービス	☎06-6536-5740

Column

登山装備をレンタルする

しっかりした装備を用意したいけれど、予算が厳しい。そんなときは、レンタルするのも手。配送のほか、富士登山前に麓の店舗で受け取りも可能な2店を紹介する。両店とも、富士登山におすすめのフルセットのほか、レインウェアだけ、登山靴だけなど単品のレンタルプランもある。

La Mont(ラ・モント)

ネットで予約、現地で受け取る。返却も現地でできるから、身軽になって帰宅することが可能。受取返却場所は、吉田ルート五合目の「富士山みはらし」や富士急ハイランド駅に近い河口湖店舗が便利。店舗には、フィッティングルームやパウダールームを完備。手ぶらで来店してそのまま富士登山に出かけられる。

富士登山7点フルセット(レインウェア上下、ザック、登山靴、スパッツ、ヘッドランプ、トレッキングポール)
1泊2日 1万2980円～1万4938円
2泊3日 1万5950円～1万8480円

〒401-0301
山梨県南都留郡富士河口湖町船津6663-11
☎ 0555-21-1888
https://lamont.jp/

そらのした

扱うギアは、すべて登山ガイド経験者が厳選したアイテム。手入れや保管を、クリーニング工場として認可されている場所で行っており、クリーニング品質の品を気持ちよく使うことができる。使い終えたら、汚れたまま返却してOK。100～160㎝用のキッズ向け商品も用意されている。

はじめての富士登山セット(メンズ)(レインウェア上下、ザック&ザックカバー、登山靴、スパッツ、ヘッドランプ、トレッキングポール、防寒着)
1泊2日～3泊4日 1万8015円

〒403-0032
山梨県富士吉田市上吉田東8-23-39
info@soranoshita.net
http://www.soranoshita.net/

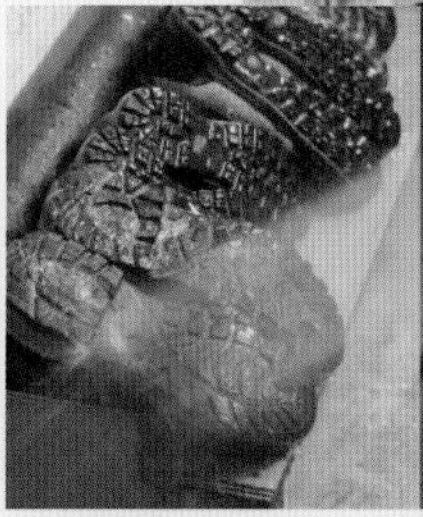

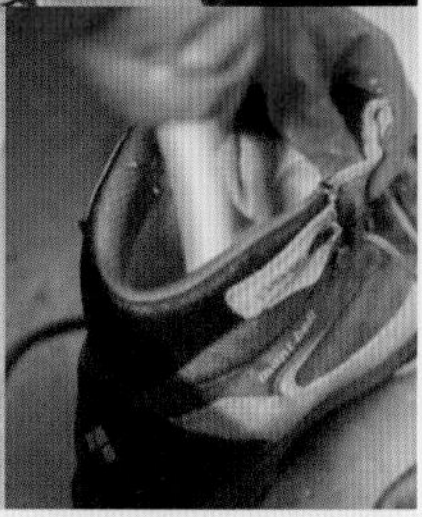

PART 5 快適登山のための事前予習

富士登山は、五合目での過ごし方や登山道の歩き方などの違いで、体力の消耗具合や高山病のリスク度合いが大きく変わる。登頂成功のためには、登山中どんなことに気をつければいいのか。五合目に到着してから下山まで順を追って予習しよう。

五合目に着いたら……

高度順応のために1～2時間過ごし必ず荷物を点検しよう

五合目に着いていきなり歩き出すのはＮＧ。高度に体が慣れないうちに行動すると、高山病のリスクが高くなる。食事や散策を楽しみながら、１～２時間過ごすようにしよう。バスや車に装備を忘れることもよくある。ヘッドランプなど途中で購入できるとは限らない装備もある。五合目なら登山用具も販売しているので、歩き出す前に、持ち忘れがないか必ず点検しよう。

▲ヘッドランプや行動食など、必須の装備があるか確認。五合目であれば、登山用具を購入することができる。

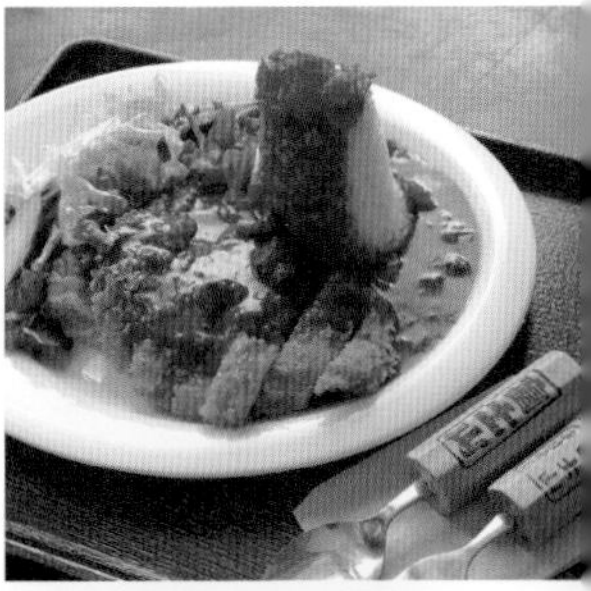

▲富士山グルメがたくさん！五合園レストハウスにある「あまの屋」の富士山めろんパン。

▶「みはらし」では、富士山噴火カツカレーや自家焙煎のコーヒーが楽しめる。

◀吉田ルートの登山口となる富士スバルライン五合目。ここを目的に訪れる観光客も多く、シーズン中は毎日大にぎわい。

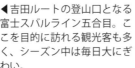

靴ひもを結ぶ

途中までしか結ばないのはNG。かかとを合わせ一番上まで締める

登山靴の履き方、靴ひもの結び方で、足への負担に差が出る。足を入れたら、かかとで地面を軽くトントンたたき、かかとをフィットさせよう。これでつま先にゆとりができる。続いて靴ひもを締めていく。

登りはきつく締めすぎなくてOK。ただし、途中までしか結ばないのは、足元が不安定。登山靴の機能を発揮するために、一番上まで締めよう。

▲脱ぎ履きしやすいからと途中までしか結ばないのは、足首を痛めやすく捻挫しやすい。

❶ かかとを合わせる

登山靴のサイズは１㎝程度の余裕を持って選ぶ。かかとをトントンと合わせることで、つま先にゆとりができ、靴に当たるのを防げる。

❷ くるぶしまでしっかり締める

足の甲と靴がしっかりとフィットするよう、くるぶしまで締める。痛みを覚えるほどきつく締めすぎないよう調整を。

❸ 登りより、下りをきつめに締める

一番上まで締める。登りは足首が動きやすいきつさに、下りは靴の中で足が前にズレないようきつめに結ぶ。長ければちょうちょう結びを二重に。

準備運動をする

登山で使う筋肉&関節を軽くほぐしておく

登山口に着くまで、長時間、車やバスで座りっぱなしでいると、筋肉や関節がこわばりやすい。ストレッチで動かしておこう。やりすぎて疲れてしまっては本末転倒。各10回（動きによっては10秒キープ）を目安に、無理のない程度に動かして。

手首・足首

ストレッチポールを持つなど、手首にも負担がかかる。両手を組んでクルクル回そう。足首も回してほぐしておく。

肩

ひじを曲げて肩のつけ根から大きく回す。内回し、外回しを各10回行おう。

首

頭を回して首を動かそう。空気が薄いのでやりすぎるとクラクラする恐れが。ゆっくり軽く動かせばOK。

裏もも・ふくらはぎ

片脚屈伸。足首を曲げてつま先を上に向けると、足首から裏ももまで、脚の背面をしっかり刺激できる。

腰

足を肩幅に開き、下半身は動かさずに安定させる。そのまま、腰を中心に上半身を大きく回そう。腰が伸び縮みするのを感じて。

アキレス腱

前後に脚を開き、前脚に体重を乗せて後ろ脚のアキレス腱を伸ばす。反動をつけずに、グーッと伸ばそう。

前もも

足首をつかみ、尻に向かってグーッと引き寄せる。腰を反らさず、前ももに伸びを感じながら10秒キープ。

全身

両手を頭の上に伸ばす。つま先立ちになりながら、全身を上へと伸ばそう。大きく息を吸いながら伸ばすことを意識して。

トレッキングポールを準備する

長さを合わせ
キャップがついているか確認する

体力消耗を防ぐサポートとしてトレッキングポールを正しく使うには、長さを合わせることが大切。歩き始める前に、調整しよう。登りでは、グリップを握って地面につけたとき、ひじが直角、もしくはそれよりやや鈍角になるように合わせると、体を真っすぐ保ちやすい。登山道保護やほかの登山者の安全のため、先端のキャップは必ずつけよう。

▲雪のある登山道以外は、キャップをつけて使う。登山道を傷つけたり、近くの登山者をけがさせないためにも、キャップをつけるのがマナーだ。

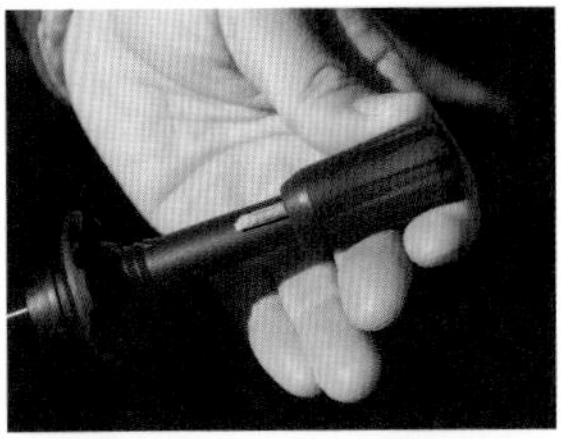

▲外れたキャップが散乱し、登山道を汚しているというトラブルも起きている。小枝や楊枝などをかませるひと手間で、キャップが外れにくくなる。

▲グリップ部分の手革（ループ）に手首を通してからグリップを握ると、落とす心配がなく、ポールの重さを手首に分散できる。ただし、岩場では手首を通さない（詳しくは92ページへ）。

▲トレッキングポールは、上半身のバランスが取りやすくなる、脚だけでなく腕の力も使って登れるなどのメリットがある。

◀地面についたときにひじが直角になる長さが基本。登りではそれより10㎝程度短く、下りでは10㎝程度長くすると使いやすい。

ザックを背負う

ベルトの長さを調節して体にフィットさせる

登山用のザックには、ベルトが何本もついている。これらがユルユルだと、ザックが引っ張られるように重く感じたり、歩いているときに左右に振られて余計な疲労が蓄積しやすい。それぞれのベルトの役割を理解し、きちんと締めることが大切だ。

また、荷物の入れ方にも軽く感じられるコツがある。軽いものは下、重いものは背中側に詰めると、背負いやすくなる。

POIT

パッキングのコツ

❶一番下には山小屋で使う着替えなどを入れる。
❷背中側には柔らかいものや重いものを。雨具や水などを入れるといい。
❸背面から遠い場所には、ニットキャップや保温着などの軽いものを。
❹ポケットには行動食や地図など、頻繁に出し入れするものを入れよう。

ショルダースタビライザーを締める

ザックと背中のすき間をなくし、ザックを体に近づける。雨ぶたがないザックにはついていないことも。

ヒップベルトを締める

ザックを背負ったら、ヒップベルトを締める。重量の7～8割は腰で支えられる。ウエストのくびれ位置ではなく、腰骨に当たる位置で締めること。

ショルダーストラップを締める

ザックの上下位置を調整し、ザックを体にフィットさせる。締めすぎるとヒップベルトがズリ上がってしまうので注意。

※チェストベルトを締めると呼吸を苦しく感じることも。
下りでのザックの揺れを抑えるのが目的なので、登りでは外してもOK。

歩き方のコツ（登り）

ゆっくりと小またで歩き 酸素と筋力の消耗を最小限に

登りの注意点は、心拍数を上げないこと。心拍数が上がり息がハァハァするのは、体が酸素不足に陥ることを意味する。

ゆっくり小またで、太ももを大きく上げずに歩き、酸素と筋力の消耗を抑えよう。傾斜の強いところではさらに半歩縮める意識でOK。ペースの目安は「ゆっくりすぎる」と感じる程度。ペースを上げ下げせず、ゆっくりペースを山頂までキープしよう。

NG

登りはじめは疲労がなく、傾斜もない。体力に自信がある人や若い人は、大またでガシガシ歩きがちだが、酸素と筋力を消耗する。

猫背になっている
リズムが一定でない
歩幅が広い

重心が左右にブレる

OK

歩幅を狭く、「さすがにゆっくりすぎでは？」と感じるスローペースをキープ。太ももを大きく上げないことで脚の筋力も温存できる。

POINT

▲足裏全体をついて、のっしのっしと一定のリズムで歩く

▲心拍数が安定している目安は、同行者とおしゃべりできるかどうか。息が切れたり心臓がバクバクして話すのが難しいようなら、立ち止まって呼吸を整えよう。

歩き方のコツ（下り）

ひざのクッションを使って足裏全体でリズミカルに進む

下りは、傾斜なりに体が前のめりになったり、坂を怖がって重心が後ろにいかないよう注意。傾斜なりではなく、フラットな地面に対して垂直になるよう、体を真っすぐ保とう。

　下るときも歩幅は狭く、足の裏全体を地面に着きながら下りていくベタ足が基本だ。体の力を抜くとひざのクッションを使いやすい。ポンポンとリズミカルに下りていこう。

▲女性の場合、内股になる人も多いが、膝の内側に衝撃がくるので、膝を痛めやすい。

前傾になりすぎると、1歩ごとに着地の衝撃が大きく、脚への負担が甚大に。また腰がひけて転びやすい。逆に後傾になりすぎると、スリップの危険がある。

OK 傾斜がきつくても、緩くても、常にフラットな地面に対して体を垂直に保つこと。ひざを柔らかく使い、つま先からかかとまで同時に着地し、同時に地面から離すベタ足歩行で下りていこう。

▲下り始める前に、下りの準備をしよう。トレッキングポールはひじが直角になる長さより10㎝ほど長めに調整。登山靴の靴ひもは、中で足が前にズレないよう、一番上までしっかり締めること。

POINT

▲富士山は下りはじめの勾配がきつい。ベタ足だと滑って歩きにくいと感じる人もいるだろう。その場合、かかとから着地して、かかとのエッジを効かせる意識で歩くのがおすすめだ。

岩場を登るコツ

太ももを上げずに歩けるルートを選ぶ。怖さを感じたら3点支持!

岩場では、溶岩をつかんで登ることもある。すり傷防止のために、手袋を装着しよう。

登り方のコツは、太ももを大きく上げずに、小またで進めるルートを選ぶこと。大きな岩を1歩で乗り越えるより歩数は増えるが、体力の消耗は格段に少ない。

傾斜が急だったり、突風が吹いたときは、体を低くして、両手で岩をつかもう。両手両足のうち1点だけ動かす「3点支持」という登り方が安心だ。

POINT

▲両手両足をついて全身を使って登る「3点支持」。立って歩くより安定度が高いので、急な傾斜を登るときや、強風の中、登るときにおすすめ。

▼平らな場所を選びながら、1歩ずつゆっくりと登っていこう。歩幅は小さく、ベタ足で。浮き石を見極めて避け、安定した石に足を置くのもポイントだ。

OK

NG

▲歩幅を大きく足を出し、岩をグイグイ乗り越えていく登り方は、太ももに大きな負担がかかる。後ろ足を蹴る際に、落石を起こしやすいという危険も。

疲れないルート取りのコツ

最短距離ではなく
高低差が低いルートを選んで歩く

登山道のどこを歩くかで、体への負担は変わってくる。

例えば曲がり角。内側に階段が設置されている場合、階段を避け、大回りするのが正解。階段を上るには、太ももを上げる必要があり体力を使うからだ。

▲写真の場所は崖側の石が大きく、山側は小さな砂利。山側を進むほうが足の負担は軽い。ちなみに崖側を歩くと、突風であおられて転落する恐れもあるので、ギリギリを進むのは避けよう。

また、登山道の地面にも注目。できるだけ石が小さい場所を選ぶほうが、足への負担は少ない。

混雑しておらず、自由にルートを選べるときは、これらを考慮して体力の消耗を防ごう。

▲インコースの階段を上るほうが近道だが、段差を乗り越えるために太ももを上げなくてはならない。段差の低いところを選び大回りするほうが、体力を温存できる。

岩場でのポールの使い方

しまうか1本だけを短く持ち手革に手首を通さない

岩場では、手で岩をつかむなど、トレッキングポールを邪魔だと感じるシチュエーションが多い。このとき、手首にぶら下げて引きずるのは危険。ザックにしまうか、1本だけ使うようにしよう。1本なら空いた手で岩をつかむことができる。

ポールの長さは、ひじが直角になる長さより15㎝ほど短く調整する。手革に手首を通すと転んだとき手をつけないので、手首を通さないことも大切だ。

▲▶長さを短めにしておくと、岩の上にポールをついたとき、ひじが90度くらいになる。手革に手首は通さず、グリップを握ろう。

◀トレッキングポールには、岩場で体を押し上げるサポートする働きも。1本であれば、空いた手で岩をつかむことができる。

▶2本持っていると岩場で手を使いにくい。手首を通すと、バランスを崩したときに手をつけず、大けがする危険がある。

トレッキングポールを扱う注意点

先端を後方に向けない。ザックにしまうときは固定しよう

トレッキングポールを横にして持つのはとても危険。先端が後ろの人に当たる可能性がある。後ろの人が疲れて注意力散漫になっていたり、足元ばかり見ていたりすれば、目の前に突然現れた先端をよけられない。

ザックにしまうときも、先端を下に向けること。サイドポケットに入れるときは、コンプレッションストラップでしっかり固定。ポケットが破けないよう、キャップがついていることを確認しよう。

▲トレッキングポールを持ったまま岩に手をつくのは厳禁。先端が後ろの人の顔を直撃、なんて事故も起こりかねない。

▲グリップが上になるよう収納し、コンプレッションストラップで上部を固定する。ポールを固定するループが搭載されたザックなら、それを使ってもOK。

▲サイドポケットにさしただけだと、後ろの人にぶつかる恐れがある。先端が上を向いていると危険度はさらにアップ。

▲歩いているときも、横にして持つのはやめよう。使わずに邪魔なときは、ザックに収納すること。

上手な休憩の取り方

一定時間ごとに休む。ザックを下ろし深呼吸しよう

疲れを覚えたときに休むより、一定時間ごと5～10分程度の小休止を入れるほうがバテにくい。

休憩を入れるタイミングは、体力に合わせ、30分から1時間に1回が目安。休憩場所は、山小屋前のベンチや、登山道のはじなど。他の登山者の邪魔にならず、なおかつ落石などの危険がない場所を選ぶとよい。荷物を広げて登山道をふさぐのはマナー違反なので注意しよう。

休憩の目的は、心拍数を落ち着かせること、水分とエネルギーを補給すること、必要ならばトイレに行っておくことだ。休憩中、寒さを感じたら、すぐに行動着や保温着を羽織り、体が冷えるのを防ごう。

▲バテると、ザックを下ろす気力もなくなってしまうが、これでは肩まわりや胸の血流が滞り、回復しにくい。

▲登山道で休憩するときは、道が広く、他の登山者の邪魔にならない場所を選ぶ。

▲山小屋前にはベンチが設置されている。混雑時は譲り合って利用しよう。

▶短時間の休憩でもザックは下ろすこと。その上で深呼吸して、呼吸を整えよう。

水分と行動食を取るコツ

水分は喉が渇く前にひと口ずつ飲む。行動食で塩分、糖分、エネルギーを補給

喉の乾きを自覚した時点で、体はすでに脱水を起こしている。そして、一度にたくさん飲んでも吸収しきれず、尿として排出することになる。喉が渇いていなくても、こまめに飲みたい。20分に100㎖を目安に少しずつ水分補給しよう。

行動食は、登山中のエネルギー源。汗で失う塩分を補給できる塩気の効いたもの、食べてすぐエネルギーに変換される糖分の高いものを、休憩ごとに少しずつ口にしよう。疲労回復に働くクエン酸が多く含まれている梅干しやレモンも、行動食におすすめだ。

食べた後のゴミは、必ず下山まで持ち帰ろう。

▶水は山小屋の売店でも購入可能。500㎖のペットボトルが500円前後と高額だが、脱水すると高山病のリスクが高くなる。「1ℓは麓から持っていき、足りない分は購入」など、体力に合わせて用意しよう。

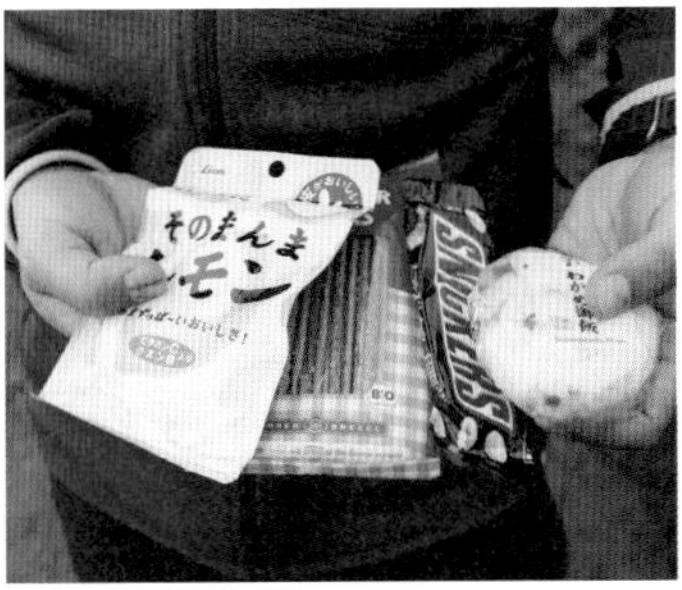

▲エネルギー、糖分、塩分を補給できる行動食を用意。おにぎりやチョコレート、レモンなどがおすすめだ。

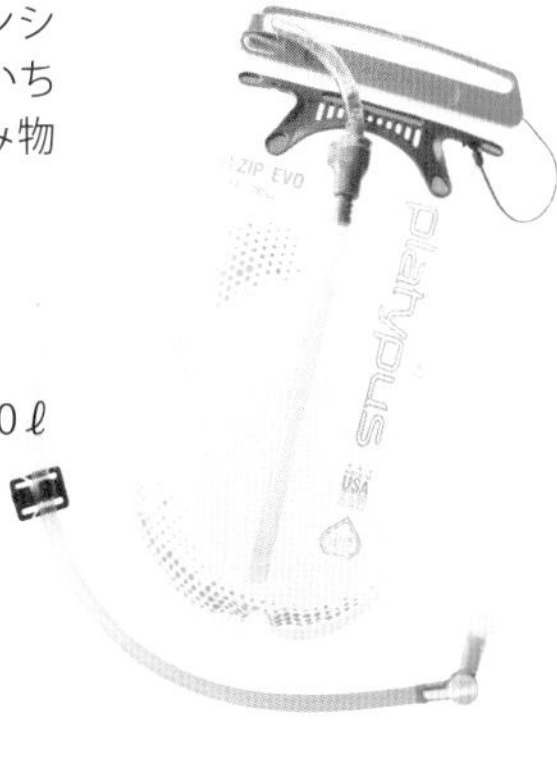

▶ハイドレーションシステムがあれば、いちいちザックから飲み物を取り出さずとも、歩きながら水分補給できる。プラティパス／ビッグジップEVO 2.0ℓ／モチヅキ

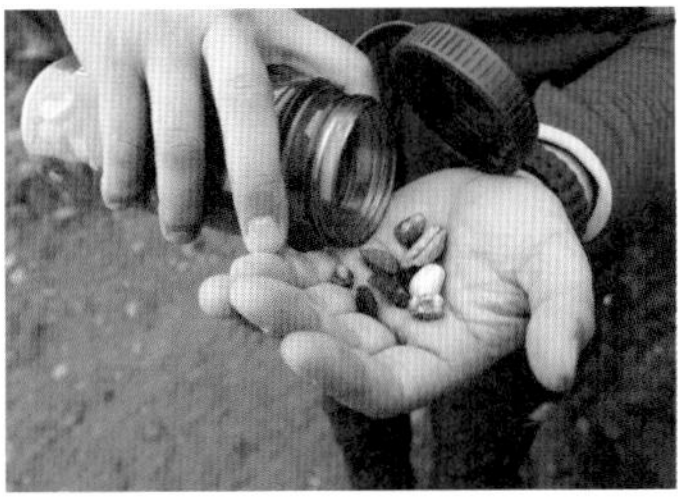

▶ナッツやドライフルーツをボトルに入れて持ち歩くのもいい。

トイレに行きたくなったら…

山小屋などのトイレを利用。数百円のチップを払おう

登山中は、公衆トイレや山小屋に併設されたトイレが利用できる。富士山のトイレには、微生物やカキ殻がし尿を分解するバイオ式や浄化循環式、し尿を焼却し焼却灰を麓に下ろす燃焼式、し尿をタンクにためて麓に下ろすくみ取り廃棄式などがある。いずれも維持に費用がかかるため、利用にはチップが必要（料金は施設により異なる）。使用済みペーパーを流さないなど、トイレのタイプによってルールがあるので必ず守ろう。

不要になったゴミをトイレに捨てていく、トイレ内で休憩や喫煙、化粧直しをするなどの行為は大迷惑。みんなで気持ちよく使うことを心がけたい。

▲使用後の紙は備え付けのボックスに入れる、汚れたら手動のシャワーで落とすなど、トイレごとに決められているマナーを守ろう。

▲トイレによっては、電子マネーで支払いできるところも。

▲富士スバルライン五合目には、広いトイレがある。出発する前に利用しよう。

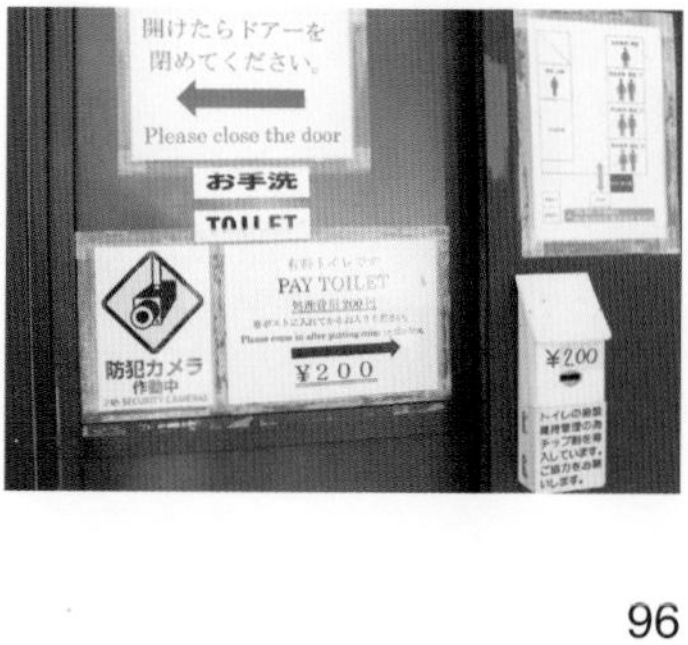

▶トイレの利用には、チップが必要。小銭の用意を忘れずに。

夜間歩行の注意点

防寒対策を万全に。混雑に備え、時間に余裕を持とう

山頂でご来光を迎えるには、八合目の山小屋の場合、午前0時ごろ出発する。保温着やレインウェアを着て、ヘッドランプ、ヘルメットを装着して歩き出そう。暗く道迷いが心配なので、事前にしっかりと地図やアプリでルートを確認。歩幅はここまで登ってきたよりもさらに小刻みに。落石を起こさないよう気をつけよう。夜中に売店が営業している山小屋もあるが、中には寝ている人もいる。山小屋の前で騒ぐのは厳禁だ。

　山頂でご来光を迎える予定だったとしても、体力や体調に不安を覚えたら無理は禁物。宿泊した山小屋でご来光を迎えてから出発する計画に替えよう。

POINT

ヘッドランプの電池が切れていないか出発前に再確認。ニットキャップやグローブなどの小物もフル稼働して、暖かくしよう。

▶運がよければ、満点の星空を楽しみながら、登っていくことができる。

▲山頂でのご来光は感動的。ここまで登ってきた苦労が報われる。

▲ご来光を目指す登山客で登山道は大渋滞する。時間に余裕を持って行動しよう。

山小屋を利用する

登山のための簡易宿泊所。マナーを守って快適に過ごそう

富士山の山小屋は、登山者が休憩や仮眠、食事を取るための施設。電機は自家発電、水は雨水やブルドーザーによる荷揚げでまかなわれているという事情を知っておこう。そのため風呂やシャワーはなく、充電が可能な山小屋も限られている。

山小屋での就寝環境は、大部屋をカーテンやベニア板で仕切って個人、あるいはグループごとで使うドミトリー方式が多い。プライバシーは確保しやすいが、その分受け入れられる人数に限りがあるため、早めの予約が必須だ。14時ごろからチェックイン、17時ごろ夕食が提供され、20時ごろ就寝。ご来光登山の人は真夜中に出発する。

寝室

大部屋をカーテンで仕切った1人ずつのドミトリーや個室、グループで入れる小部屋など。寝袋や布団が用意されている。

▲鎌岩館には、眺望を楽しめる2名用個室も。室内から眺望を楽しめるのがうれしい。

▼1人分のスペースの様子。鎌岩館の場合、ランプや充電用のコンセントが設置されている。

▲大部屋のドミトリー。二段ベッドの上下が、それぞれカーテンで仕切られている。

取材にご協力いただいたのは、吉田ルートの山小屋・鎌岩館。「当館は、高山病を発症しやすい高度より下に位置しています。週末でも予約できる日もあるので、ぜひインターネットで空き室状況を確認してみてください」（オーナー・岩佐克圭さん）

売店

営業時間は宿泊者以外も利用可能。飲み物や食べ物の販売のほか、金剛杖に焼印を入れてくれる山小屋もある。

▲鎌岩館の売店は、外からも中からも購入可能。2日目、カップ麺で腹ごしらえして出発、という人も多い。

▲金剛杖に焼印を入れてくれる山小屋も（300〜500円）。山小屋ごとにデザインが異なる。

▲電子マネーに対応している山小屋もある。事前に確認しておくと安心だ。

更衣室

ドミトリーは男女分かれてはいない。着替えは更衣室を使おう。山小屋に1〜2部屋と数は少ないので、利用は素早く、譲り合って。

食道・大広間

宿泊者が夕食を取ったり、休憩したりする場所。夕食はカレーライスや牛丼を提供する山小屋が多い。混雑時は時間帯で入れ替え制になる。

救護所

鎌岩館のすぐ下には、医師や看護師が常駐する救護所がある

▲山小屋オリジナルの手ぬぐいやTシャツなどが売られている。また、各山小屋に神棚がある。鎌岩館では不動明王や、富士講の開祖である長谷川角行が祀られている。

高山病を予防する

無理のないペースで登り
発症したら下山も視野に入れる

標高が高くなると気圧が下がり、大気中の酸素濃度が薄くなる。酸素不足から体に変調が起きるのが高度障害で、標高２５００ｍ以上で症状が出やすくなるといわれている。悪化すると急性高山病を発症する。症状としては頭痛やけん怠感、吐き気、眠気など。さらに症状が進むと肺水腫や脳浮腫となり命に関わる。高山病は高度を下げれば改善することが多いので、症状が治まらなければ下山を考えよう。

休憩すると症状が和らぐこともあるが、一度発症するとくり返し不調に襲われるのが特徴。登山前の準備や、登山中の心がけ次第で、発症のリスクを下げられるので、予防が肝心だ。

① 五合目で1～2時間過ごし、高度順応する

富士スバルライン五合目の標高は約2300m。ここで滞在することで、空気が薄い状態に体を慣れさせることができる。

② 早足で登らず、ゆっくりペースで

息が切れるということは、体が酸素不足に陥っているということ。おしゃべりできるぐらいのゆっくりペースで無理なく登ろう。

③ 水分と食べ物をしっかり取る

脱水やエネルギー不足を起こすと、高山病になりやすくなる。心配であれば、食欲がなくても食べやすい、ゼリー飲料などを用意するのもおすすめ。

④ ろうそくを吹くイメージで細く長く息を吐く

呼吸が上がってくると、一生懸命息を吸おうとしがち。だがこれは、酸素をうまく取り込めない呼吸法だ。まずは吐くことを意識しよう。ろうそくを吹くイメージで、口をすぼめて細く長く息を吐くと、スムーズに酸素が入ってくる。

⑤ 酸素缶はお守りと考える

高濃度酸素が入った酸素缶だが、供給される時間は1缶で数十秒から数分。再び低酸素な環境になるので、効果は一過性と考えたほうがいい。お守り代わりに使う分にはいいが、「酸素缶があれば大丈夫」と過信するのはやめておこう。

下山の注意点と下山後の過ごし方

下り道は迷いやすい！　標識を確認し ルートを間違えないよう注意する

富士登山は、下山時の体調不良やけがが非常に多い。登頂で体力を使い果たした状態で、標高差約１４００ｍもの道のりを下りてこなくてはならないからだ。また同じような時間に登山者がいっせいに下り始めるため、落石も頻発する。帰りのバスの時間などタイムリミットが気になって、急ぎ足になりがちなのも事故の元だ。

富士山は登山道と下山道が分かれており、吉田ルートの下山道には迷いやすいところが数か所ある。「富士スバルライン五合目」の標識を目指して下りていこう。登山道に比べトイレが少ないのも注意。計画的に利用したい。

下山後、疲れを残さないためにできること

下半身の筋肉をストレッチする

運動後はストレッチで筋肉を伸ばしてあげることで、疲労物質を排出しやすくなる。84ページで紹介したストレッチと同じメニューでOK。下半身を中心に筋肉を伸ばそう。

水分とエネルギーを補給する

下山後に体調不良になる人も案外多い。高山病の症状が残っていたり脱水の可能性がある。下山時や麓に下りるときも、意識して水分を取ろう。運動後の筋肉をスムーズに修復するには、たんぱく質と糖質の摂取が有効だといわれている。

▲下山後のお楽しみグルメにホットケーキも人気！

温冷交代浴で疲労物質を押し流す

疲労を残さないために、筋肉の回復をサポートする効果があるといわれている温冷交代浴がおすすめ。熱めのお湯に３分つかり、ぬるま湯のシャワーを手先足先に30秒かけるというのを、３回くり返す。血管の拡張、収縮が促され、血行が促進。疲労物質が流れやすくなると考えられている。

Column

子どもと富士山に登りたい!

いつかは親子で富士登山とあこがれるパパ、ママもいるだろう。はたして何歳から可能なのか、成功させるにはどんなことに気をつければいいのか、ポイントを挙げてみた。

富士登山挑戦の目安は小学生になってから

富士登山は1日5〜6時間の登山を、2日間続ける必要がある。それだけの距離、時間を歩く体力があることが、チャレンジの条件だ。また、万が一高山病になったとき、自分の症状を正しく訴えることも必要だ。その点からも、小学生になってからを目安に考えたい。

少なくとも1回は親が富士登山しておく

親自身が富士登山初挑戦で、子どもを連れて行くのはやめたほうがいい。親が登ることにいっぱいいっぱいでは、子どもの安全まで気を配ることが難しいからだ。少なくとも1回は富士山に登っておこう。子どもを連れていくときは、ガイドをつけるとさらに安心だ。

混雑しそうな日にち、ルートを避ける

登山道が空いていれば、子どものペースで歩いたり休んだりしやすい。登山の予定は週末ではなく、比較的空いている平日を選ぼう。ご来光前の山頂直下は渋滞するので、山小屋でご来光を迎えてから出発を。子どもにとって危険が大きい、夜間歩行も避けられる。

ほかの登山者に迷惑をかけない

山小屋で騒がない、登山道では走らないなど、ルールを決めて守らせよう。守れないと、ほかの登山者に迷惑をかけてしまったり、子ども自身がけがをしてしまう恐れもある。「なぜそのルールが大事なのか」を、きちんと理解して行動できるようにしてあげよう。

天候や体調が悪ければいさぎよく下山する

子どもにとって、雨や強風、寒さの中歩き続けるのは、非常にしんどい。天候が悪そうであれば、中止や延期を検討しよう。登山の途中で天候が悪化したり、子どもの体調が悪そうなときも無理は禁物。常に撤退を視野に入れながら、行動するようにしよう。

1年かけて練習登山を積み重ねる

山歩きの経験を積み重ねる。まずはコースタイム1〜2時間で登れる山からチャレンジし、徐々に標高や歩く距離を伸ばしていこう。準備期間の目安は1年。練習登山では、標準コースタイムの何倍の速度で歩けるか、標高が高い場所で高山病の症状が出ないかなど、確認しながら登ろう。

PART 6 富士登山のためのトレーニング

富士登山は2日間で10時間以上歩くハードな運動。安全に登り、余力を残して下りてくるためには、計画を立てて体づくりをすることが必要だ。日ごろ運動していない人でも富士登山できる体になれる、効果的なトレーニングメニューを紹介する。

●富士登山に必要なトレーニング

富士山に登れる体を4～6カ月かけてつくる

体力面の準備不足は遭難のリスクを高める

　富士山に登るのは、荷物を背負って何時間も坂道を上り続けるハードな運動。定期的に運動していない人が、準備もなく富士山に登るのは、かなり厳しい。日が落ちても山小屋にたどり着けなかったり、予定していた帰りのバスに乗り遅れる恐れもある。疲労困憊で歩けなくなれば、道迷いや遭難もしかねない。けがをしたり、落石を起こして人にけがをさせるリスクも上がるし、高山病にもなりやすくなる。これらの危険度をグッと下げるのが、事前の体力強化だ。4～6カ月かけて、じっくりと登れる体をつくっていこう。

　いきなりジョギングやハードな筋トレをしても3日で挫折してしまう。まずは近所を歩く、家の中で片脚立ちするなど、体を動かすことに慣れていこう。

　1カ月続けたらいよいよ、富士登山に必要な「筋力トレーニング」と「持久力トレーニング」を開始。下半身を中心とした筋力トレーニングや、週2～3回のスロージョギングに取り組もう。体力がついてきたら荷物を背負って長い距離を歩いてみる。環境省が全国に整備している「長距離自然歩道」を歩くのがおすすめだ。

　トレーニングの仕上げは、登山。まずは低山に登り、富士登山本番前に、2000m級の山に登っておくのが理想。ここまでクリアできたら、富士登山に臨む準備はバッチリだ！

富士登山までの体づくりスケジュール

富士登山できる体は一日にしてならず。
計画的にトレーニングを積んでいこう。

6カ月前

日常生活の中で積極的に体を動かす

5カ月前

筋力トレーニング

スクワット
ランジ
プランク
フラッターキック
バックエクステンション
マウンテンクライマー
ヒップリフト
木のポーズ
（毎日2〜3種類）

持久力トレーニング

ウォーキング
（毎日）

4カ月前

スロージョギング
（週2〜3回）

3カ月前

長距離ウォーキング
（月1〜2回）

2カ月前

練習登山

低山1回＋2000m級1回以上

1カ月前

富士登山本番

トレーニング準備

日常生活の中で積極的に体を動かす

まずは近所を歩くなど、体を動かす習慣づくりからスタート。どこに行くにも車、テレビを見るときはソファーでゴロゴロという、運動皆無な日常から抜けだそう。

階段上り

エスカレーターやエレベーターを極力使わず、階段を上ることを心がけよう。膝に不安がある人は上りだけ階段を使い、筋力がついてきたら下りも階段を使うのがおすすめ。

ウォーキング

近所のスーパーまで歩いていくなど、無理のない範囲でウォーキングを。早足で歩くよう心がけると、運動負荷は高まる。慣れてきたら歩く距離を伸ばす、重い荷物を持ってみるなどさらに負荷をアップ。毎日累計30分歩くことを目標にしよう。

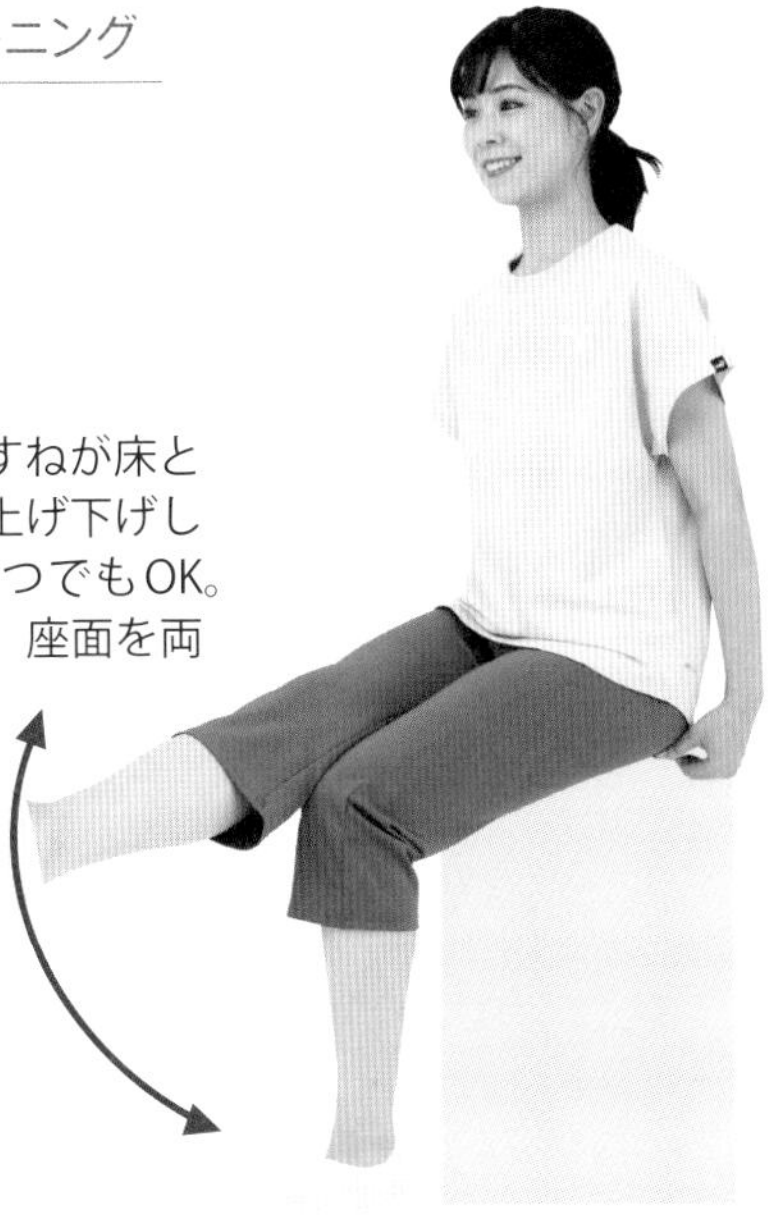

座って脚上げ

いすに座ったまま、すねが床と平行になるまで脚を上げ下げしよう。最初は片脚ずつでもOK。不安定に感じる人は、座面を両手で支えること。

かかと上げ下げ

壁に手をついて体を支えたまま、かかとを上げ下げ。かかとを上げるとき、両かかとが離れないよう意識しながら上げると、裏ももと足裏がキュッと刺激される。

片脚立ち

テレビを見ているときなどに、片脚立ちにトライ。最初はテーブルや壁など、支えがあるところで行うこと。慣れてきたら、食器洗いをしているときや信号待ちの時間など、片脚立ちの機会を増やしていこう。

ぞうきんがけ

ぞうきんがけは、登山に必要な太ももや腹筋、背筋などの筋肉をバランスよく刺激できる全身運動。部屋もきれいになって、一石二鳥！

1日5時間歩ける力をつける

持久力トレーニング

持久力とは、長時間体を動かし続けていられる力のこと。
持久力が高まると、体内に取り込める酸素の量もアップ。
スタミナがつき、高山病の予防にも役立つ。

スロージョギング

運動習慣がなかった人でも持久力をつけられるおすすめトレーニングが「スロージョギング」。その場足踏みからほんの少し（30㎝程度）足を踏み出す狭い歩幅で、ゆっくり走るのが特徴だ。スピードの目安は、隣を歩いている人を追い越さない程度。大腿四頭筋や大臀筋など下半身の筋肉を鍛えることができ、スタミナもアップする。最初は１分走って30秒休むことからスタート。徐々に距離を伸ばしていこう。週２～３回を目標に。

※スロージョギングは、(一社) 日本スロージョギング協会の登録商標です。
※走り方の動画は、
https://www.slowjogging.org/で確認できる。

あごを軽く上げて
姿勢は真っすぐ。
猫背にならない
腕振りは自然に
歩幅は狭く
後ろ足で
地面を蹴らない

着地はフォアフット
（足指のつけ根あたり）

軽くその場でジャンプして着地。このとき地面に触れた位置がフォアフット。ここで着地しながら進んでいこう。

※着地した後に
かかとをついてもOK

踏み台昇降

踏み台昇降は持久力アップにピッタリの有酸素運動。速さより、上り下りの際に音を立てないことを意識。下半身の筋肉が刺激され、筋トレ効果も得られる。

長距離ウォーキング＆低山ハイク

登山靴を履き、ザックを背負って長い距離を歩いてみよう。おすすめは、環境省が整備を進めている「長距離自然歩道」。見どころいっぱいの魅力的なコースが、都道府県別にたくさん紹介されている（詳しくはP116へ）。

富士登山できる足腰を鍛え上げる

筋力トレーニング

足腰を中心に体の大きな筋肉を鍛えていこう。スクワットはぜひ毎日行いたい。プラス１～２種類、日替わりでプラスしてメニューを組むのがおすすめだ。

下半身トレーニングの王道

スクワット

太ももや尻の筋肉を刺激。長時間歩き続けられる強い足腰をつくることができる！

フゥー
膝がつま先より
前に出ないよう注意
20回

2 尻を落とす

股関節を曲げて上体を前に倒し、そのままゆっくり尻を落とす。膝を曲げられるギリギリまでしゃがんだら、息を吐きながら立ち上がる。

1 真っすぐに立つ

足を腰幅に広げて立つ。背筋は真っすぐに。

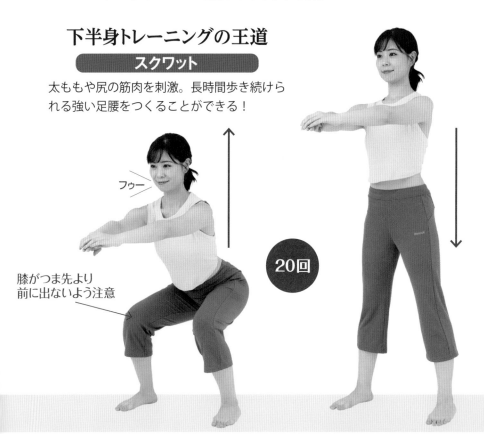

お尻と裏ももを鍛える

ランジ

コツは立ち上がるときに尻にギュッと力を込めること。力強い足腰をつくれる。

後ろ脚を軸に立ち上がる

腰に手を当てて真っすぐ立ったら、片脚を前に出し腰を落とす。続いて後ろ脚を軸に、前脚の裏ももに力を込めて立ち上がろう。10回行ったら左右を替えて同様に。

ブレない体幹をつくる

プランク

体幹がしっかりしていると体がブレずに安定して歩けるため、体力の消耗を抑えられる。

体を一直線にキープする

うつぶせの姿勢から両ひじ、両膝を床につく。そのまま膝を浮かせ、頭、背中、かかとを一直線に。呼吸を止めずに30秒キープする。

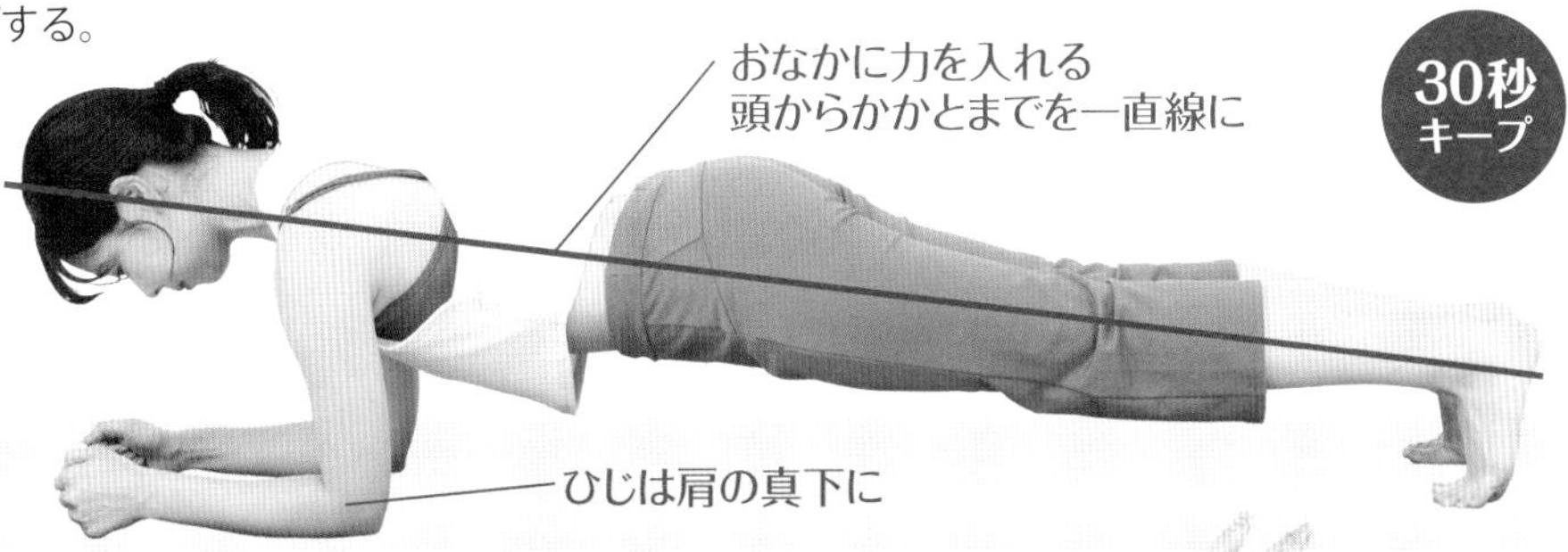

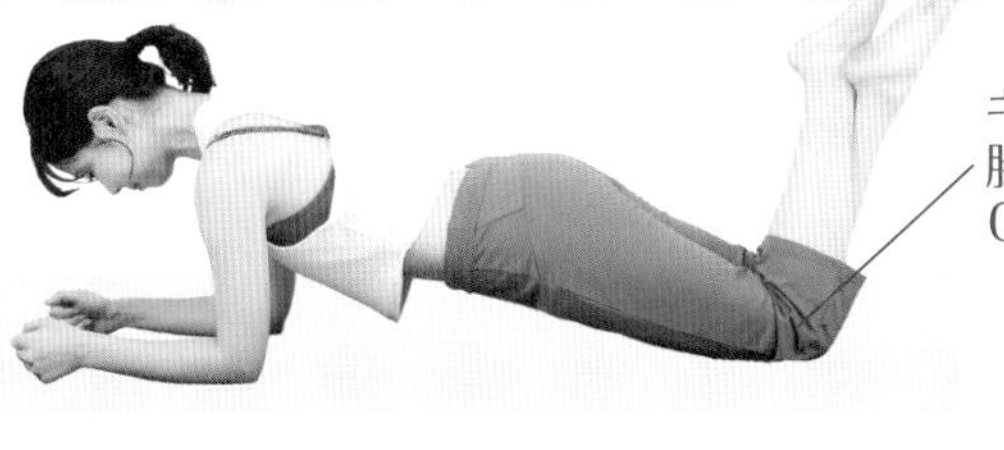
慣れないうちは
これでもOK!
キツければ
膝をついても
OK!

腹筋を鍛える

フラッターキック

登山で歩くために足を上げる動作は、脚力だけでなく腹筋も使っている。下腹部を強化！

1 おなかに力を入れて足を浮かせる

長座からひじをついて上体を倒す。そのまま両足をそろえて浮かせよう。

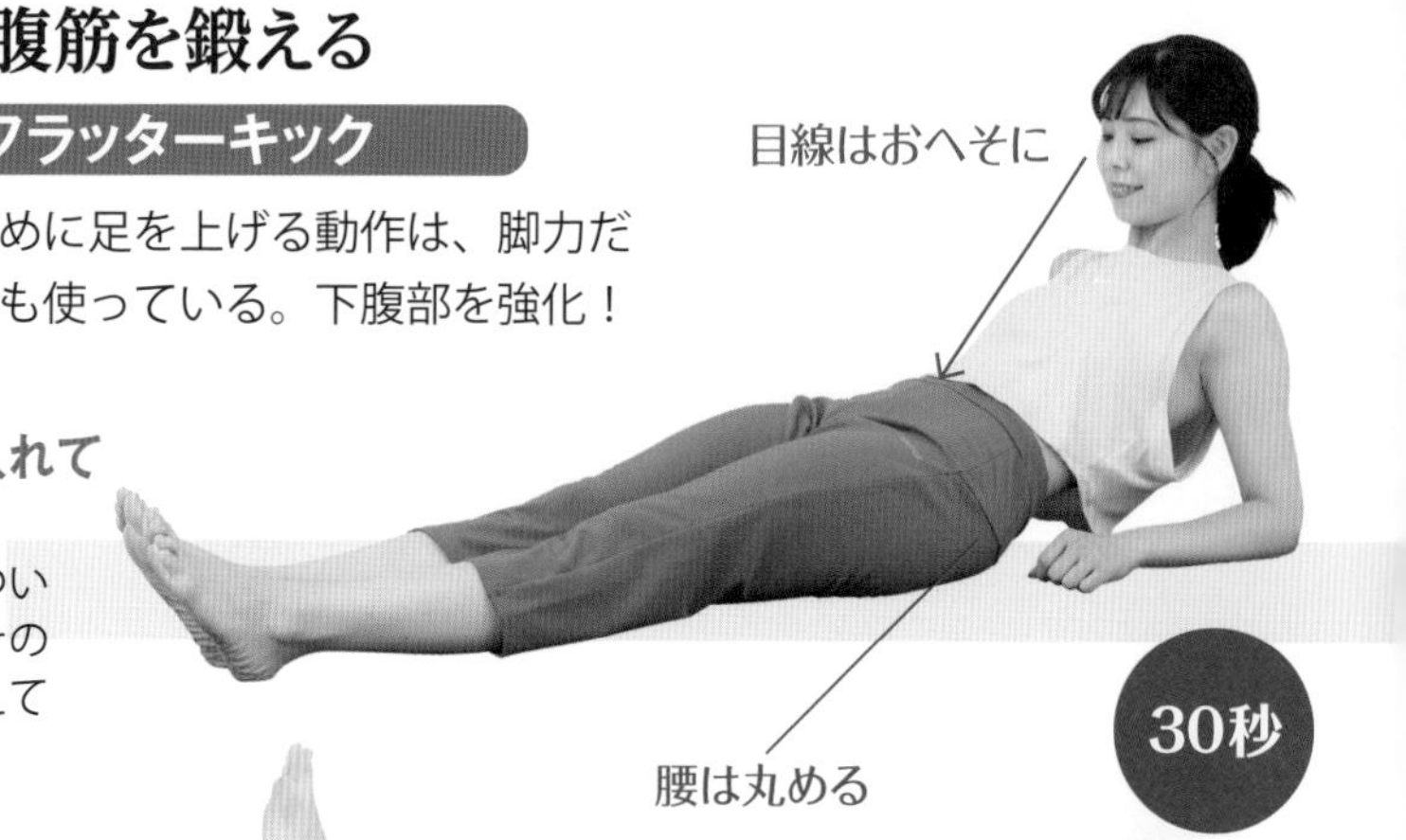

30秒

2 足を左右交互に上げ下げする

左右交互に足を入れ替えながら、上下させる。30秒続けよう。

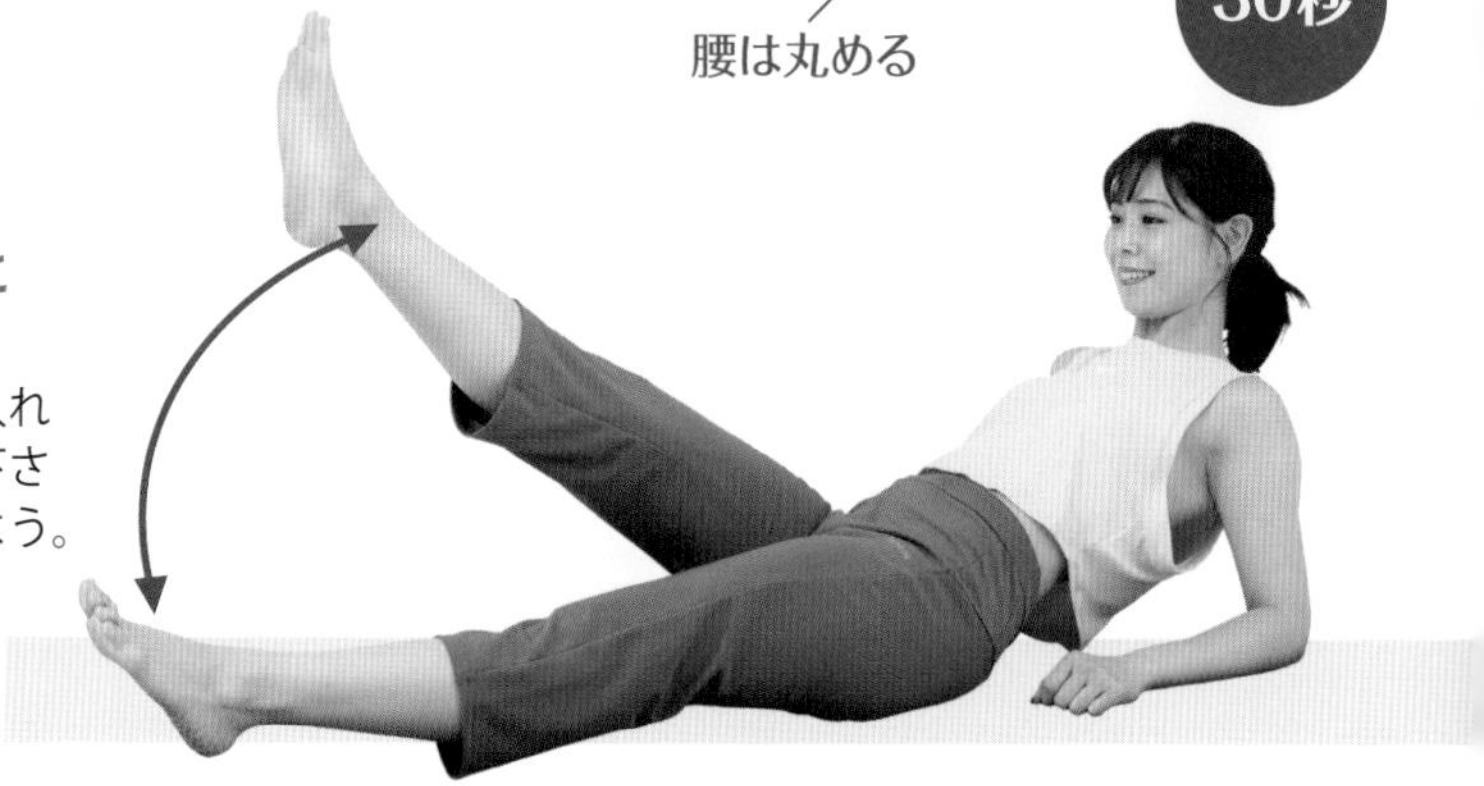

背筋を鍛える

バックエクステンション

歩く姿勢が猫背だと、頭を支える余計な力が必要になる。背筋を鍛え、姿勢よく歩こう。

うつぶせで頭を上げる

うつぶせになり、頭の後ろで両手を組む。息を吐きながらゆっくりと上体を起こしたら、ゆっくりと元の姿勢へ。これを20回くり返す。

20回

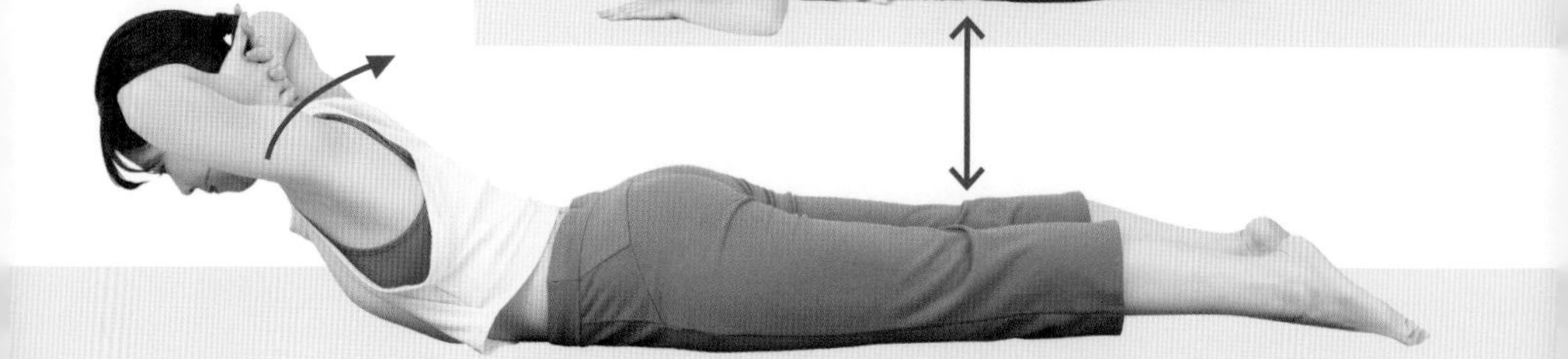

腹筋の力で膝を引き上げる

マウンテンクライマー

運動強度はかなり高め。腹筋を使って膝を交互に引き上げる。全身運動にもなる。

1 腕立て伏せの姿勢をとる

うつぶせから両手をついて体を支え、腕立て伏せのスタート姿勢をとる。

2 左右交互に膝を胸に引き寄せる

右膝を胸にギュッと引き寄せて戻したら、続いて左膝を引き寄せる。山をかけ上るイメージで足を動かす。これを20回行う。

20回

尻を鍛える

ヒップリフト

体で最も大きな筋肉、大臀筋。足を動かし、姿勢を維持する、登山に欠かせない筋肉だ。

30回

尻を締めて腰を浮かせる

あおむけの姿勢で膝を立てる。尻をキュッと締めて床から浮かせよう。腰を反らないよう注意。そのまま３秒キープしたら下ろす。これを30回くり返す。

腰は丸める意識を持つ

足元の安定感を高める

木のポーズ

バランス感覚を鍛えるトレーニング。浮き石を踏んでグラリとしても転倒しない！

片足立ちで合掌する

片足で真っすぐに立つ。続いて右足を浮かせ、足裏を左脚の内側につける。そのまま両手を合掌。右足裏と左脚の内側、左右の手のひらを押し合いながら30秒キープ。左右の足を入れ替えて同様に行う。

左右各30秒

慣れないうちは
足の位置が低くてもOK

登山のために考案されたエクササイズ

「Exhike（エクスハイク）」にチャレンジ

「Exhike（エクスハイク）」とは、安全に楽しく登山できるよう登山者向けに作られた、エクササイズプログラムだ。富士登山前のトレーニングに活用しよう。

EASY

体力に自信がない人向け。ゆったりペースで無理なく動ける。

BASIC

EASYが物足りない人向け。テンポが速くなり、動きも大きい。

HARD

山岳部員など体力に自信がある人向け。ジャンプ動作が多くダンサブル！

富士山をはじめ、登山における事故やけがは後を絶たない。原因の多くを占めるのが、登山者自身の体力不足だ。こうした現状の解消を目的に作られたエクササイズプログラムがが「エクスハイク」。

鹿屋体育大学の山本正嘉名誉教授と栫ちか子准教授が中心となったチームと、鹿児島放送（KKB）が連携して制作された。

プログラムは運動強度別に「EASY（イージー）」「BASIC（ベーシック）」「HARD（ハード）」の３種類。いずれも約４分間のプログラムで、歩く、くぐる、またぐ、体をひねる、片足に体重をかけるなど、登山で駆使する身体能力を向上させる動きが取り入れられている。

軽快な音楽に合わせて、楽しく体を動かしながら登山向きの体をつくれるエクスハイク。YouTubeで視聴できるので、ぜひ挑戦してみよう。

持久力トレーニングにおすすめ

全国のハイキングコース

富士登山に必要な持久力を強化するために、長い距離を歩いてみよう。長距離ハイクにおすすめの長距離自然歩道や、登っておきたい山を紹介する。本番で使うザックや登山靴を履いて出かけよう。

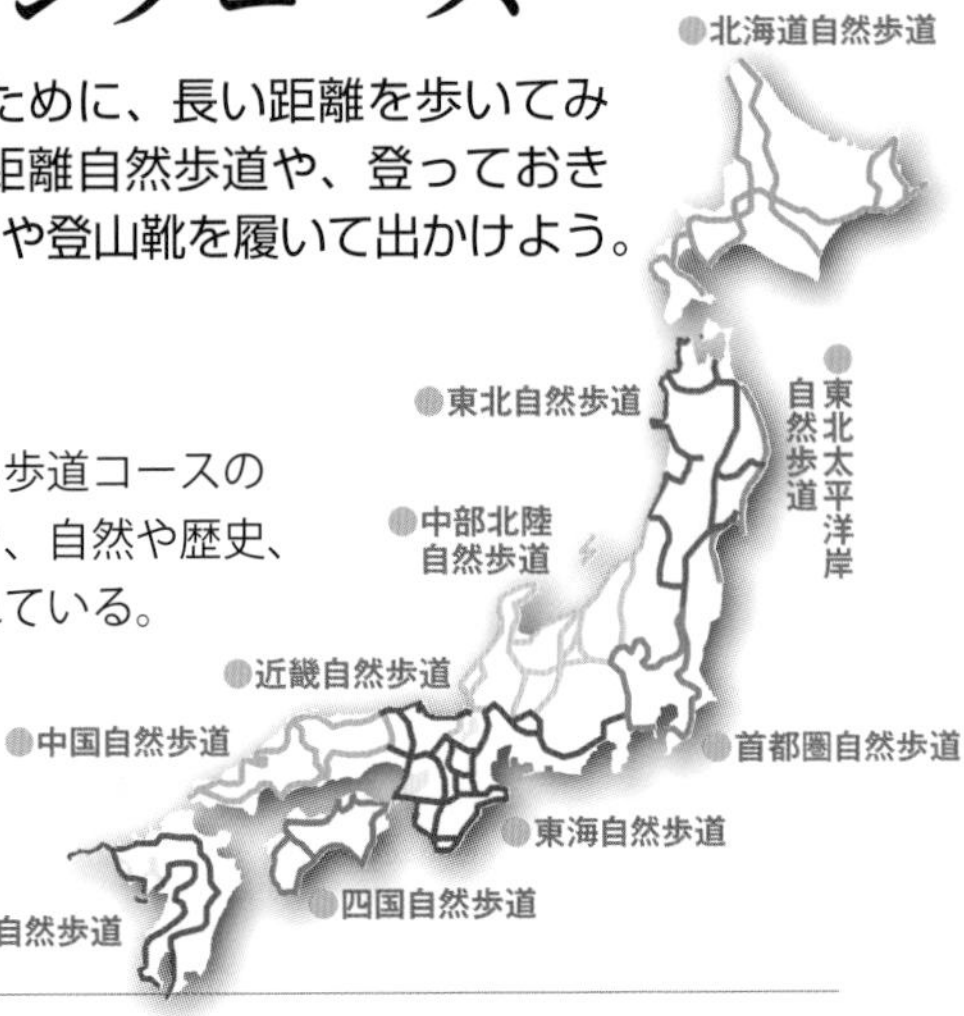

長距離自然歩道とは

環境庁が計画し、各都道府県が整備を進めている歩道コースのこと。四季を通じて楽しく安全に歩くことができ、自然や歴史、文化とふれ合えるコースが、全国各地で整備されている。

詳細は環境省「国立公園に、行ってみよう!」HP（https://www.env.go.jp/nature/nationalparks/pick-up/long-trail/）で確認しよう。

●北海道自然歩道
広大な森林や湿原などの豊かな自然、牧場や畑といった牧歌的な田園風景など、北海道を代表する地域の歴史的・文化的資源を結ぶ歩道。総距離は4585kmで全国最長。

●東北自然歩道（新奥の細道）
四季を通じて手軽に楽しく、かつ安全に歩くことができる。東北地方の豊かな自然や歴史、文化にふれることができる。

●東北太平洋岸自然歩道
「みちのく潮風トレイル」。雄大な太平洋に沿って歩く、自然歩道。森と海のどちらの恵みも感じることができる豊かな道。

●首都圏自然歩道
（関東ふれあいの道）

関東地方の１都６県を一周する自然歩道で、総距離は約1800km。東京都八王子梅の木平を起終点に、高尾山、奥多摩、秩父、妙義山、太平山、筑波山、霞ヶ浦、九十九里浜、房総、三浦半島、丹沢などを結ぶ。

●中部北陸自然歩道
新潟県山北町から滋賀県大津市までの雄大な山岳景観や日本海景観など、多様性に富んだ歩道。四季を通じて手軽に楽しく歩くことができる。

●東海自然歩道
東京の「明治の森高尾国定公園」から、大阪の「明治の森箕面国定公園」までの太平洋ベルト地帯を結ぶ。

●近畿自然歩道
近畿を中心とした２府７県（福井、滋賀、三重、京都、大阪、兵庫、奈良、和歌山、鳥取）と、太平洋と瀬戸内海、日本海を結ぶ。総距離3296km。

●中国自然歩道
中国５県を一周する総距離2295kmの長距離自然歩道。中国地方に残された美しい自然の中を、ゆっくり歩くことができる。

●四国自然歩道（四国のみち）
全長1647km。起点は徳島県鳴門市、終点は徳島県板野郡板野町。四国霊場や四国の自然と歴史に親しみながら、四国を一周することができる。

●九州自然歩道（やまびこさん）
九州を一周するこの歩道は、総距離2932km。九州7県にある国立公園や国定公園、県立自然公園を経由する。

※環境省「国立公園に、行ってみよう！」のHPより

長 距 離 自 然 歩 道 の 例

首都圏自然歩道（関東ふれあいの道）

油壺・入江のみち（神奈川県）

全国からマグロ漁船が集まる三崎漁港がスタート。三浦七福神の一つである見桃寺や油壺湾など潮風を感じながら歩けるコースだ。

〈距離〉3.4km 〈所要時間〉約1時間
〈難易度〉★
〈区間〉三崎港バス停 ～ 歌舞島公園 ～ 見桃寺 ～ 諸磯湾 ～ 油壷バス停

緑に囲まれた油壺ヨットハーバー。

近畿自然歩道

能勢の里ふれあいのみち（大阪府）

小和田山のふもとを通り、剣尾山に登頂。巨岩の点在する行者山を経て能勢の郷へ至るコース。里山らしい田園風景を楽しめる。

〈距離〉約15.2km 〈所要時間〉約5時間30分
〈難易度〉★★
〈区間〉倉垣バス停 ～ 七面口バス停 ～ 篠口峠 ～ 暮坂峠 ～ 天神橋 ～ 宿野バス停 ～ 大阪府立総合青少年野外活動センター ～ 剣尾山 ～ 行者山 ～ 能勢の郷 ～ 行者口バス停

剣尾山からの眺望。

中国自然歩道

大社・湊原海岸周遊モデルコース（島根県）

古代出雲歴史博物館を起終点にした周回コース。大国主命が高天原の使者と会見したと伝えられる伝説の地、稲佐の浜が絶景ポイント。

〈距離〉7.0km 〈所要時間〉約1時間50分
〈難易度〉★
〈区間〉古代出雲歴史博物館 ～ 出雲大社 ～ 稲佐の浜 ～ 灘橋分岐点 ～ 湊原海岸 ～ 展望台 ～ 浜遊自然館 ～ 大社大鳥居 ～ 古代出雲歴史博物館

神々の伝説が残る稲佐の浜。

練習登山におすすめの山

◀山頂からは、関東平野が一望できる。

筑波山(つくばさん)

877m

(茨城県)

ケーブルカーやロープウェイもある気軽に登れる百名山

▲男体山、女体山の二つの山頂がある双耳峰。

日本百名山の中で最も標高が低い、気軽に登れる山。女体山、男体山の二つの頂上がある双耳峰で、男体山の山頂近くまでケーブルカー、女体山の頂上近くまではロープウェイで登ることも可能。おすすめは白雲橋コースで、巨岩などのパワースポットを巡る。登山口から女体山山頂までのコースタイムは2時間5分。

高尾山(たかおさん)

599m

(東京都)

さまざまな植物に出合える世界で最も人気の山

年間の登山者数は約270万人。ギネスブックにも認定された、世界一登山者の多い山だ。1～6号路、稲荷山コースなど、さまざまなルートから選択でき、天気のいい日は、山頂から富士山がよく見える。おすすめは、眺望のいい稲荷山コースで山頂まで約1時間40分、下山は1号路か6号路で、約1時間10分。

▲山頂からは、天気がよければ富士山も望める。

御岳山(みたけさん)

929m

(東京都)

山頂に神社がある東京都有数のパワースポット!

▲御岳山奥の院(写真上)と武蔵御嶽神社。

古くから霊峰とあがめられた信仰の山で、山頂には武蔵御嶽神社がある。苔むした奇岩を楽しめるロックガーデンや、滝行に使われる 綾広の滝など、見どころ満載。ケーブルカー御岳山駅をスタートして武蔵御嶽神社に立ち寄 り、ロックガーデンを回って御岳山駅に戻る ルートのコースタイムは約3時間30分。

▶大菩薩嶺の山頂は、木々に囲まれている。

大菩薩嶺(だいぼさつれい)

(山梨県) 2057m

初心者でも2000m超えの稜線歩きが楽しめる

　2000mを超える山ながら、標高1600mまで車でアクセスできる。山頂から少し下った雷岩から、大菩薩峠へかけては、南アルプスや富士山を眺めながら気持ちのいい稜線歩きを楽しめる。上日川峠から福ちゃん荘を経て大菩薩嶺へ登り、大菩薩峠を回って下りてくるルートで、コースタイムは約3時間35分。

▲大菩薩峠には、山小屋や売店もある。

▲ぜひ天気の日に登って、山頂からの眺めを楽しみたい。

丹沢 大山(たんざわ おおやま)

1252m **(神奈川県)**

天気がいい日は大島まで見えるほど眺望抜群!

「関八州の展望台」といわれるほど眺めが素晴らしく、天気がいい日は富士山や箱根連山、江ノ島や房総半島、伊豆諸島の大島まで遠望できる。都心から約２時間とアクセスのよさも魅力。阿夫利神社から大山山頂へ登り、不動尻分岐、見晴台を経由して阿夫利神社へ戻るルートで、コースタイムは約3時間15分。

木曽駒ケ岳(きそこまがたけ)

(長野県) 2956m

ロープウェイで一気に標高2612mの世界へ

　中央アルプスに位置する日本百名山の一つ。ロープウェイで2612mまで上がることができ、ロープウェイを降りた目の前には、2万年前の氷河時代に形成された圧巻の「千畳敷カール」が広がっている。千畳敷駅と木曽駒ケ岳を往復するコースタイムは、約3時間20分。富士登山前、高度に慣れるために訪れるのもおすすめだ。

▲色とりどりの高山植物も楽しめる千畳敷カール

宿泊施設&山小屋ガイド

週末やお盆は、すぐに満室になる。狙いをつけた山小屋のホームページをまめにチェックし、予約が開始したら、早めに予約を取ろう。

※紹介している山小屋の情報・料金などは、2023年12月現在のものです。
変更になる場合もありますので、お出かけ前に施設にご確認ください。

凡例＝❶収容人数　❷営業期間　❸宿泊料　❹メモ

Yoshida route 吉田ルート

五合目

富士急雲上閣 ふじきゅううんじょうかく

☎0555-72-1355

客室はカプセルホテルスタイル。プライバシーをしっかりと確保できる。

❶42室　❷7月～9月上旬　❸カプセルホテル1泊素泊まり7700円～（時期により変動）　❹個室あり。食事付きプランなし

五合目

富士山みはらし ふじさんみはらし

☎080-2681-3776（宿泊専用ダイヤル）

「噴火カツカレー」など人気メニューを楽しめるレストランやショップも併設。

❶46人　❷7月～9月上旬　❸素泊まり7500円（相部屋）個室料金＝相部屋料金+1000円～　❹朝食弁当＝宿泊料金+1100円

七合目

花小屋 はなごや

☎090-7234-9955　0555-22-2208

標高2700mに位置。六合目の富士山安全指導センターを過ぎて最初の山小屋。

❶100人　❷7月1日～9月上旬　❸1泊2食付き9000円（土曜日1万1000円・休日1万円）　❹基本的に大部屋

七合目

日の出館 ひのでかん

☎0555-24-6522　090-7219-3711

七合目で２番目に位置する囲炉裏のある山小屋。囲炉裏には文政９年の茶釜がある。

❶80人　❷7月～9月上旬　❸1泊素泊まり7700円　1泊2食付き9900円　❹金曜日・土曜日は500円プラス

七合目

七合目 トモエ館《ななごうめ ともえかん》

☎0555-24-6521

1～5名、6名用の個室があり、1人１枚羽布団が用意されている。窓付きの部屋は先着順。

❶100人　❷7月1日～9月10日　❸1泊2食付き1万円（土曜・休日前1万2000円）　❹全室個室

七合目

鎌岩館《かまいわかん》

☎080-1299-0223

2021年にリニューアル。館内には杉の木の香りが漂う。各部屋コンセント完備。

❶150人　❷7月1日～9月上旬　❸1泊素泊まり8900円　1泊2食付き1万100円　❹個室、ロフト部屋、シングルルームなどあり

七合目

富士一館《ふじいちかん》

☎080-1036-6691

五合目から約2時間30分の場所に位置している八合目の元祖室の姉妹館。

❶80人　❷7月～9月上旬　❸1泊素泊まり9000円　1泊2食付き1万1000円（金曜日1万2000円）　❹全室個室

七合目

鳥居荘《とりいそう》

☎0555-84-2050

2021年リニューアル。個室タイプの部屋には、個別の照明とコンセントを設置。

❶200人　❷7月1日～9月上旬　❸1泊素泊まり8800円　1泊2食付き1万1000円　❹金曜日1万2100円、土曜日・休日前1万3200円（1泊2食付き）

七合目

東洋館《とうようかん》

☎0555-22-1040

部屋は両側が板で仕切られた1人用ドミトリーか、2～4人用完全個室から選べる。

❶150人　❷6月30日～9月10日　❸1泊2食付き1万2100円～（曜日により変動）　❹無料WiFi完備。プライベートルームあり

八合目

太子舘《たいしかん》

☎0555-22-1947

五合目と山頂の中間に位置。聖徳太子が富士登山で休憩したというのが小屋名の由来。

❶200人　❷7月～9月上旬　❸1泊2食付き1万2000円～（相部屋、曜日により変動）　❹2人用、3人用、4人用の小部屋あり

八合目

蓬莱館 ほうらいかん

☎0555-24-6515

部屋は、グループごとにカーテンで仕切られる。1人一つ、寝袋と抗菌枕を用意。

❶70人　❷7月～9月上旬　❸1泊2食付き1万2000円（曜日により変動）　❹窓付き小部屋あり（1部屋２名・２食付き1万3000円～）

八合目

白雲荘 はくうんそう

☎0555-22-1322　0555-24-6514（山小屋）

3200mに位置。トイレを2014年にリニューアルしている。

❶200人　❷7月1日～9月上旬　❸1泊2食付き1万1900円～（曜日により変動）　❹ご来光のなどの景色が楽しめる

八合目

元祖室 がんそむろ

☎090-4549-3250

五合目から4～5時間、3250mの場所に位置。山頂までは約2時間。

❶130人　❷7月～9月上旬　❸1泊2食付き1万2000円～（金曜日1万3000円）　❹夕食はカレーライス

八合目

富士山ホテル ふじさんほてる

☎0555-22-0237　0555-24-6512（山小屋）

下山道に隣接しているため、不要な荷物を預けて山頂へ。下山時に回収できる。

❶150人　❷7月1日～9月上旬　❸1泊素泊まり9250円～　1泊2食付き1万1850円～（曜日により変動）　❹頂上まで約90分

本八合目

本八合目 トモエ館 ほんはちごうめ ともえかん

☎0555-24-6511

個室でプライベートを確保できる。5名、6名に対応可能な部屋も各1室ずつあり。

❶120人　❷7月1日～9月10日　❸1泊2食付き1万1000円（土曜・休日前1万3000円）　❹全室個室

八合五勺

御来光館 ごらいこうかん

☎0555-73-8815　0555-24-6510（山小屋）

吉田ルートと須走ルートが合流した先に位置。両ルート上で、山頂に最も近い。

❶90人　❷7月1日～9月10日　❸1泊素泊まり1万1000円　1泊2食付き1万3500円　❹富士山八合五勺（標高3450m）にある

Fujinomiya route

凡例＝❶収容人数　❷営業期間　❸宿泊料

富士宮ルート

六合目

雲海荘 うんかいそう

☎0544-26-4533　090-2618-2231

1階は男女別に分かれた大部屋、2階は家族やグループ向けの3人部屋になっている。

❶80人　❷7月上旬～9月下旬　❸1泊素泊まり6000円　1泊2食付き8000円（金・土曜日・祝日・祝前日はプラス2000円）

六合目

宝永山荘 ほうえいさんそう

☎0544-26-4887　090-7607-2232

宝永火口から徒歩7分。火口に最も近い山小屋。6月下旬から10月下旬まで営業。

❶80人　❷7月下旬～9月中旬　❸1泊素泊まり6000円　1泊2食付き8000円（金・土曜日・祝日・祝前日はプラス2000円）

新七合目

御来光山荘 ごらいこうさんそう

☎0544-26-3942　090-4083-2233

富士宮ルートの中で、地平線からのご来光が見られる最も標高が低い山小屋。

❶180人　❷7月上旬～9月上旬　❸1泊素泊まり8000円（2人部屋）～　9000円（1人部屋）～　❹食事は夕食1000円、朝食1000円

元祖七合目

山口山荘 やまぐちさんそう

☎0544-23-3938　090-7022-2234

箱根山や伊豆半島、夜景、宝永山越しに見るご来光、雲海など、絶景を楽しめる。

❶160人　❷7月上旬～9月上旬　❸1泊素泊まり8000円　1泊2食付き1万円（金・土曜日・祝日・祝前日はプラス2000円）

八合目

池田館 いけだかん

☎090-2772-2235

標高3250mに位置し、山頂までは約1時間30分。富士宮ルート唯一の診療所に隣接。

❶150人　❷7月～9月上旬　❸1泊素泊まり7700円　1泊2食付き9900円（金・土曜日・祝日・祝前日は、それぞれ8800円、1万1000円）

九合目

萬年雪山荘 まんねんゆきさんそう

☎0544-27-2355　090-7025-2236

全室カーテンで仕切られた個室。小屋裏手にある万年雪を使ってご飯を炊いている。

❶250人　❷7月上旬～9月上旬　❸1泊素泊まり8000円　1泊2食付き1万円（金・土曜日・祝日・祝前日はプラス2000円）

九合五勺

胸突山荘 むなつきさんそう

☎090-5855-8759　090-7300-2237

山上まで30～40分。天気の日は、未使用のものを含め布団をすべて天日干ししている。

❶150人　❷7月上旬～9月上旬　❸1泊素泊まり7000円（金・土曜日・休日前1万円　1泊2食付き9000円（金・土曜日・祝日前1万2000円）

山頂

頂上富士館 ちょうじょうふじかん

☎0544-26-1519　090-3301-3512

山頂に位置。ご来光スポットで人気の駒ヶ岳の目の前にあり、剣ヶ峰までは約30分。

❶150人　❷7月上旬～9月上旬　❸1泊素泊まり6000円　1泊2食付き8000円（金・土曜日・祝日・祝前日はプラス2000円）

凡例＝❶位置　❷収容人数　❸営業期間　❹宿泊料

G otemba route 御殿場ルート

大石茶屋 おおいしぢゃや

☎090-8955-5076

❶新五合目　❷25人　❸7月～9月10日　❹1泊素泊まり7500円　1泊2食付き9000円

わらじ館 わらじかん

☎090-4853-8798

❶七合四勺　❷39人　❸7月～9月上旬　❹1泊素泊まり6500円　1泊2食付き7800円
※新六合目に半蔵坊（姉妹館）もある

砂走館 すなばしりかん

☎090-3155-5061

❶七合五勺　❷150人　❸7月1日～9月上旬
❹1泊素泊まり7500円　1泊2食付き9000円

赤岩八合館 あかいわはちごうかん

☎090-3155-5061

❶七合九勺　❷150人　❸7月1日～9月上旬
❹1泊素泊まり7500円　1泊2食付き9000円

凡例＝❶位置　❷収容人数　❸営業期間　❹宿泊料

Subashiri route

須走ルート

山荘 菊屋 さんそう きくや
☎090-8680-0686

❶五合目　❷20人　❸4月下旬〜11月上旬
❹1泊素泊まり5000円　夕食定食1500円、朝食定食1000円（宿泊者限定）

長田山荘 おさださんそう
☎090-8603-5097

❶六合目　❷40人　❸6月下旬〜9月下旬　❹1泊素泊まり7000円　1泊2食付き9000円

大陽館 たいようかん
☎090-3158-6624

❶七合目　❷60人　❸6月中旬〜10月上旬
❹1泊素泊まり8800円　1泊2食付き1万4300円

江戸屋 えどや
☎090-2770-3518

❶八合目　❷80人　❸7月中旬〜8月下旬　❹1泊素泊まり8300円　1泊2食付き1万300円〜（特定日、曜日により変動）

山口屋 やまぐちや
☎090-5858-3776　0550-75-2012

❶頂上　❷40人　❸7月中旬〜8月下旬　❹1泊素泊まり8000円　1泊2食付き9000円

砂払五合目 吉野屋 すなはらいごごうめ よしのや
☎090-7854-7954

❶砂払五合目　❷50人　❸7月上旬〜9月上旬
❹1泊素泊まり5000円　1泊2食付き7000円（曜日により変動）

東富士山荘 ひがしふじさんそう
☎090-3254-5057　0550-75-2113

❶五合目　❷25人　❸4月下旬〜11月上旬
❹1泊素泊まり6500円　1泊2食付き9500円

瀬戸館 せとかん
☎090-3302-4466　0550-89-0374

❶六合目　❷40人　❸7月1日〜9月上旬　❹1泊素泊まり8000円　1泊2食付き1万1000円

見晴館 みはらしかん
☎090-1622-1048

❶本七合目　❷60人　❸7月上旬〜9月上旬
❹1泊素泊まり8500円　1泊2食付き1万円（金・日曜日1万500円、土曜・祝日1万1500円）

本八合目 胸突江戸屋 ほんはちごうめ むなつきえどや
☎090-7031-3517

❶本八合目　❷100人　❸7月1日〜9月上旬
❹1泊素泊まり8300円　1泊2食付き1万300円〜（特定日、曜日により変動）

扇屋 おうぎや
☎0550-89-0069

❶頂上　❸7月中旬〜9月上旬
※売店、食堂のみ営業

富士山のルール&マナー

動植物や石の持ち出し禁止

富士山は国立公園特別保護地区。花や溶岩、小石の持ち出し、移動は禁止。建造物や石への落書きも禁止行為だ。

混雑時は譲り合ってすれ違うこと

登山では登り優先というルールがあるが、混み合っているときは、状況を見て譲り合おう。山ではすれ違ったり追い越すときに挨拶するのがマナー。ただし登山者が多かったり、余裕がないときは、無理に挨拶しなくても構わない。

山岳保険に入り登山届を出す

事故にあったり遭難したとき、すみやかに救助してもらうために登山計画書を提出しよう。登山計画書は各ルート登山口ポストが設置されている。また、救助には高額な費用がかかることも。山岳保険に加入しておくと、安心だ。

落石を起こしたら「ラ～ク!」と知らせる

万が一落石を起こしたら、下の人に「ラ～ク！」「落石！」など大声で危険を知らせること。

テント設営やたき火は禁止

富士山にテントサイトはない。登山道でテントを張るのは厳禁。たき火も禁止されている。バーナーを使う場合、山小屋や人混みを避けること。

ゴミはすべて持ち帰る

富士山にはゴミ箱がない。自分が出したゴミはすべて持ち帰ろう。果物の皮など自然のものや、カップ麺の汁なども捨てないのがルール。

富士山保全協力金に協力を

富士山では登山道の安全管理やパトロールなどの経費に当てるため、富士山保全協力金を募っている。基本1人1000円（任意）で各ルートの五合目などで払うことができる。

ロープの外に出てはダメ

登山道に張られているロープは、登山道を誘導するためのもの。ロープの外に出るのは、落石や遭難の原因になるので厳禁だ。登山の補助としてつかむのもやめよう。

万が一のときの連絡先を確認

登山中に救助が必要になったら、近くの山小屋に助けを求めること。山小屋がない場所であれば、吉田ルートは山梨県富士山五合目管理センター（090-5190-0167）、富士宮、須走、御殿場ルートは110番、119番に通報を。富士山の登山道には、現在番号が振られた案内標識が設置されている。その番号で、居場所を伝えることができる。

案内標識の中の「Y027」が現在番号。吉田ルートは「Y」、富士宮ルートは「F」、須走ルートは「S」、御殿場ルートは「G」が頭についている。

富士山へのアクセス

Yoshida route
吉田ルート

電車・バス

出発	経路	経由	経路	到着
新宿駅	JR特急富士回遊 1時間53分・4123円	河口湖駅	富士急行バス 「富士スバルライン五合目往復きっぷ」 55分・大人 2500円 小人 1250円	富士スバルライン五合目
新宿駅	高速バス（バスタ新宿） 1時間55分・2000円	河口湖駅		

クルマ

出発	経路	経由	経路	到着
新宿	中央自動車道 約100km・1時間15分・3060円	河口湖IC	富士スバルライン 約30km・55分・2100円（往復）	富士スバルライン五合目

マイカー規制期間中（7月～9月）は、東富士五湖道路・富士吉田IC付近の富士山パーキングを利用。富士スバルライン五合目までシャトルバスを利用（約45分・往復運賃 大人2500円、小学生1250円。混雑状況に応じて臨時バス運行）。

Fujinomiya route
富士宮ルート

電車・バス

出発	経路	経由	経路	到着
東京駅	新幹線「こだま」 約1時間・5170円	新富士駅	富士急静岡バス 約2時間・大人3700円 小人1850円（往復）	富士宮口五合目
東京駅	高速バス（バスタ新宿） 1時間55分・2000円	新富士駅		

クルマ

出発	経路	経由	経路	到着
東京	新東名高速道路 約100km・1時間15分・3060円	新富士IC	西富士道路、国道139号経由 「富士山スカイライン」 約42km・約1時間・ （無料）	富士宮口五合目

マイカー規制期間中（7月～9月）は、水ヶ塚駐車場（南富士エバーグリーンラインと富士山スカイラインとの交差する付近）から、登山口までシャトルバスを運行（約35分・往復運賃 大人2200円、小人1100円）。

※御殿場ルート、須走ルートは、省略させていただきます。

●監修
一般社団法人マウントフジトレイルクラブ

2016年、富士山登山案内ガイドの有志で「ヨシダトレイルクラブ」を結成。富士山登山案内ガイド、環境保全、安全対策、富士山登山巡回などを行っている。2018年からは、「マウントフジトレイルクラブ」と名称を変更。富士山登山ガイドや山小屋の経営者、行政、さまざまな団体などと協力し合いながら、「富士山の価値」を上げるべく日々取り組んでいる。また、富士山に関する講演会や情報提供なども行なっている。代表理事の太田安彦は、富士吉田市出身。富士山登頂回数600回以上。

● 企画・編集	スタジオパラム
● Director	清水信次
● Writer & Editor	及川愛子 樋口一成 浜田省一 島上絹子
● Camera	山上　忠
● Illustration	手塚由紀
● Map	ジェオ
● Design	スタジオパラム
● Model	水谷花那子

● Special Thanks
石井スポーツ、富士山における適正利用推進協議会、富士山吉田口旅館組合、富士山表富士宮口登山組合、小山町役場 観光交流課、御殿場口登山組合、伊藤文博、竹村政哉、遠藤仁史

はじめての富士山登頂
正しく登る準備&体づくり 徹底サポートBOOK

2024年1月20日　第1版・第1刷発行
2024年5月25日　第1版・第4刷発行

監修者　一般社団法人マウントフジトレイルクラブ
（いっぱんしゃだんほうじん まうんとふじとれいるくらぶ）
発行者　株式会社メイツユニバーサルコンテンツ
代表者　大羽　孝志
〒102-0093 東京都千代田区平河町一丁目1-8
印　刷　シナノ印刷株式会社

ご意見・ご感想はホームページから承っております。
ウェブサイト　https://www.mates-publishing.co.jp/

企画担当：清岡香奈